I am Doer!

_____

우리 모두
처음엔

시를
몰랐습니다

시가 좋아진
당신에게

우리 모두
처음엔

시를
몰랐습니다

김연덕
×
강우근
지 음

READ DO

시는 늘 어려웠습니다.

읽어도 잘 모르겠고
내 감상이 틀릴까 조심스러웠고
제대로 이해하지 못하는 것 같아
슬며시 시집을 덮은 적도 있었죠.

그러다, 문득
시가 말을 걸어왔습니다.

마음 깊숙한 곳
이름 없는 감정들을
알아본다는 듯이.

말로 다 전하지 못했던 감정,
아름답지 않다고 숨기던 모습,
일상에서 발견한 이상한 슬픔이
시 속에서 다정하게 평범해지는 순간.

지금,
시를 조금 더 좋아하고 싶은
당신에게 두 시인이
말을 건넵니다.

"너도 그런 마음이지?
 나도 그래."

Prologue

시는 말할 수 없고, 안타깝고, 신나는 그 모든 것이에요

  시가 무엇이냐는 질문은 항상 저를 곤란하게 만들곤 합니다. 시라는 세계와 멀리 떨어져 있던 시절에도, 시를 막 쓰기 시작했을 때도, 그리고 지금도요. 시를 쓰기 전에는 시가 무엇인지 전혀 파악되지 않아 답하기 어려웠어요. 저부터가 시에 대해 잘 몰랐고, 시에 대한 여러 전형적인 생각과, 이미지를 시야에서 조금씩 벗겨내던 중이었거든요. 잘 모르겠다는 마음은 시를 좋아하는 마음과는 별개였기에 답답함은 점점 더 커졌죠. 시가 참 좋은데, 시를 참 좋아하는 것 같은데, 무엇인지는 잘 모르겠다는 기분 속에서 '시가 무엇인지를 누가 좀 알려주었으면 좋겠다'는 생각이 있었어요. 종국에는 '내가 시를 이렇게나 모르는데, 좋아하는 것은 맞나?' 하는 의문도 들었고요.

시를 읽는 일에 대한 책을 쓰려 하니 고민이 더 깊어졌어요. 시를 쓰고 시를 제 곁에 가까이 둔 지 시간이 조금 흐른 지금에 와서는 '시'가 될 수 있는 것들의 범주가 너무나 넓어졌음을 체감하게 되어 시를 어떤 방식으로 설명해야 할지, 시 이야기를 어디서부터 어떻게 시작해야 할지가 어려웠어요. 그러니까 이전에는 시를 어떤 개념 속에 포함시키고 그 안에서 설명하려 했다면, 지금은 시의 의미를 규정하고 그 기준에 따라 설명하려 할수록 시의 본질과 멀어지는 듯한 기분이 듭니다. 설명되지 않고 그저 펼쳐져 있는 장면 하나, 무심코 툭 튀어나온 농담, 유튜브 콘텐츠와 식당의 메뉴판과 선거 전단지 속 언어들에서 시가 보여요. 그러면서 시와 시 아닌 것을 가르는 경계는 무엇인가, 어떤 장면이 시가 되는 순간은 언제인가에 대해 고민하게 되었지요. 무한히 이어지는 시간 속에 약간 뒤틀린 채 삐져나와 있는 단 하나의 장면, 비록 순간일지라도 그것이 영원히 지속될 것만 같은 오해 속에서, 슬픔과 기쁨과 안타까움과 지루함과 두근거림이 순간을 벼려내는 확신 속에서요.

여전히 시가 무엇이냐는, 혹은 무엇인 것 같냐는 질문을 많이 받습니다. 그럼 저는 숨을 고르고 그가 보고 있는 장면 곁에 함께 서려고 해요. 분명 그는 무언가 특별한 것을 보고 있는데, 그 자신은 그것이 특별한 줄 모르고 어떤 말들과 순간들을 줄줄 읊는데, 시인 줄 모르고 시를 궁금해하는데……. 그런 아름다운 시인 친구 곁에 설 때면 저는 말하지 않고는 못 배기는 상태가 되고 말아요. '방금 네가 한 말, 그게 바로 시야!', '방금 네가 본 것, 네가 겪고 있는 일들, 그거 다 시야!' 라고요. 시에 대해 다양하고 무수한 오해가 있습니다. '시는 읽고 쓸 수 있는 사람이 정해져 있어', '시는 어려워', '어쩌면, 시인들은 시를 일부러 어렵게 쓰는 것 같아', '시의 언어는 너무 감상적이고 날카롭지 못해', '시에는 아름다운 언어만 써야 할 것 같아', '시에는 내 이야기를 많이 숨겨야 하지 않을까' 같은 것들이죠. 이 책을 통해 그러한 오해들이 조금 가볍고 색다른 방식으로 날아가버렸으면 좋겠다는 바람이 있어요.

사람이라면 누구나 살면서 어긋나는 순간들을 경

험합니다. 심지어 오늘 태어나 단 하루를 산 갓난아이도 원하는 것이 있고, 원하는 것을 얻지 못해 화가 나거나 슬픈 순간이 있고, 생각지 못한 기쁨이 있고, 천천히 혹은 너무나 빠르게 흘러가는 장면이 있고, 말할 수 없는 안타까움과 행복이 있어요. 시는 그렇게 겹쳐지지 않고 합쳐지지 않는, 손에 쥐려 할수록 빠져나가는 투명한 액체와 같은 모든 순간입니다. 당신의 삶 속에는, 당신의 이야기 속에는 이미 너무 많은 시가 깃들어 있어요. 그것을 찾아가는 여정에 함께해주시겠어요?

                                                김연덕 드림

Contents

Part 1. 시에게서 나에게로

나의 첫 시

- 연덕 : 치열하고 우스꽝스러운 이별 앞에서   019
- 우근 : 하나의 우산이 낯설어질 때   025

나에게 시는

- 연덕 : 모난 내가 누울 곳   033
- 우근 : 사물과 관계 맺는 아주 작고 사소한 행위   038

읽기의 순간들

- 연덕 : 방 안에서도 엄청난 보폭을 지닌 것처럼   045
- 우근 : 눈 내리는 시속 250km 겨울 기차에서 시집 붙들기   051

시 쓰기가 나에게는

- 연덕 : 새 사진 앨범 만들기   057
- 우근 : 단어를 설치한다는 것   062

Interlude 시, 이렇게 읽어보세요

Q.01 : 시를 이해하기가 어려워요   072

Q.02 : 제목을 어떻게 읽어야 할까요?   076

Q.03 : 시의 감상을 표현하지 못하겠어요   080

Q.04 : 시의 흐름을 따라가기가 어려워요   084

Q.05 : 내가 제대로 읽고 있는지 모르겠어요   087

Q.06 : 어떤 시집으로 시작하는 게 좋을까요?   089

Part 2. 나에게서 시에게로

도시에서, 그리고 자연에서

연덕 : **무언가 깨지며 내 안에 새로운 자연이 만들어질 때**　　100
　　　- 황인찬 〈건축〉

우근 : **도시의 공원을 따라 산책하다가, 우연히 벗어나보기**　　110
　　　- 김리윤 〈미래 공원의 사랑〉

실내에서, 그리고 실외에서

연덕 : **문을 닫은 뒤, 펼쳐지는 깊은 실내의 세계**　　126
　　　- 마윤지 〈작게 말하기〉

우근 : **동시대적인 사람이 되어서 걷기**　　137
　　　- 안태운 〈행인들〉

일상에서, 또는 사라진 공간에서

연덕 : **지루하고 조용한 일상에서 아주 자세해지기**　　152
　　- 조해주 〈좋은 하루 되세요〉

우근 : **기억하는 기쁨, 기억되는 슬픔**　　161
　　- 김복희 〈느린 자살〉

세계에 없는 공간에서

연덕 : **절망 속에서 조금씩 움직이는 마음이 나아가는 곳**　　176
　　- 차도하 〈안녕〉

우근 : **당신의 옆구리에는 어떤 이야기가 껴 있습니까**　　186
　　- 문보영 〈옆구리 극장〉

시에게서
나에게로

나의
첫 시

제가 생각하는 시는,
그렇게 한 사람의 내면에 사랑이 남겨둔
기록들을 따라가는 과정입니다.

시를 처음 쓰게 되었을 때,
그것이 시인지 몰랐습니다.

> 연덕

치열하고 우스꽝스러운
이별 앞에서

 2008년, 중학생이던 저의 삶에 깊이 들어온 아이돌이 있었습니다. 그들은 일본 아이돌이었기 때문에 좋아하는 감정을 지속하기 위해서는 많은 노력이 필요했어요. 신곡이 나오면 일본어를 잘하는 팬이 해석해둔 가사부터 찾아봤고, 멤버들이 출연한 예능이나 드라마를 봐야 할 때도 마찬가지였어요. 누군가 섬세하게 해석해줄 때까지 기다려야 했지요. 그들과 저 사이에 존재했던 언어의 장벽, 거리감이 사랑에 불을 더 지폈던 것 같아요. 가장 최신의 사진을 받아보고 싶어 다달이 서점의 해외 서적 코너에 갔던 것이 기억납니다. 사방이 비닐과 테이프로 싸인 잡지들을 소중히 품에 안고 돌아와, 해독하지 못하는 어지러운 문장들 사이에서 그들의 사진을 몇 장 볼 수 있다는 것만으로 정말 만족했던 순간들도요. 그들에게 할애된 페이지가 많지도 않았을뿐더러 잡지의 한 문장도 끝내 제대로 읽어낼 수 없었으므로, 그건 그 시절 제가 했던 가장 이상하고 행복한 낭비라고 할 수 있을 거예요. 그리고 지금도 뚜렷하게 말할 수 없는 이유로, 어느 날 저는 그들을 좋아하는 것을 그만두었습니다. 그 사실이 슬프거나 당황스럽게 느껴지지도 않았어요. 고등학교에 입학하기 전, 그들을 향한 저의 열기는 이미 모두 사그라들었습니다.

어떤 종류의 사랑이든 늘 설명할 수 없는 탈락감을 품은 채 시작되곤 합니다. 언젠가는 도래할 이별이 생생한 사랑 아래 꿈틀대고 있는 것 같아요. 그것을 아마 그 무렵 처음 알게 된 듯합니다. 고등학생이 된 저는 겉으로는 아주 조용하고 평범하고 모범적인 학생이었지만, 내면은 그들을 삶에 들이기 전과는 완전히 다른 모양으로 변형되어 있었어요. 내가 누군가를 열렬하게 사랑할 수 있으며 그래서 바보 같은 낭비도 서슴없이 하는 사람이라는, 약간은 방탕하고 귀여운 면

모가 있는 사람이라는 데서 오는 자랑스러움, 그리고 지금은 사랑하고 있지 않다는 데서 오는 슬픔과 열패감 같은 것이 저의 피부 아래 도사리고 있었어요.

 어린 저에게는 사적인 사랑과 사적인 이야기가 존재했었고, 그걸 잠시 쥐어보았다는 느낌이 있었지만, 그러니까 나에게는 소중한 것이 있었다고 주장하고 싶었지만, 제가 겪었던 감정들이 너무 흔하고 시시해 보였기 때문에 과연 이야기할 만한 가치가 있는 것인가 자신이 없었습니다. 사각형의 교실에서 그건 표현하기 너무 어려운 감각이었어요. 저는 모든 것에 표준인 이미지를 갖춘, 지루하고 부드럽고 내성적인 고등학생이었으니까요. 하지만 강렬한 사랑을 체험했던 저의 내면은 그 모든 규정들을 거부했습니다. 이건 내 전부가 아냐! 내 안에는 조금 더…… 무시무시하고 좀 창피하고 사랑스러운 부분이 있는 것 같아! 제 마음은 때때로 저에게 외쳐댔어요. 특정한 사랑이 통과한 저는 이미 특정한 사람이 되어 있었습니다. 물론 저는 그 아이돌의 수많은 팬 중 한 명이었지만, 같은 빛도 어떤 존재와 맞부딪치느냐에 따라 굴절되는 모양이 제각기 다르죠. 제 내면의 어떤 부분은 부풀어 있었고 어떤 부분은 깎여 있었으며 어떤 부분은 어둡고 어떤 부분은 밝았어요. 처음으로 그 모양을 들여다보고 싶었고, 그렇게 답답한 마음에 썼던 몇 문장들이 제가 쓴 첫 시였던 것 같아요. 아이돌이 들어오고 나간 뒤의 기록이 시라니 여전히 겸연쩍은 마음이 듭니다만, 제가 생각하는 시는, 그렇게 한 사람의 내면에 사랑이 남겨둔 기록들을 따라가는 과정입니다. 흔적이 깊든 얕든, 깔끔하든 지저분하든, 뜨겁든 차갑든, 길든 짧든 흔적의 주인에게 슬프거나 기쁘거나 낯선 기분을 준다면요. 가렵고 귀찮다면요. 실금 같은 흔적일지라도, 신경 쓰이는 단 하나의 흔적을 이야기하지 않고서는 나를 다 설명하지 못하는 것 같은 기분이 든다면, 그때 적어 내려가는 문장들이 저에게는 시예요. 기록들의 모양은 저마다 고유합니다. 수많은 시들이 고유한 것처럼요.

대학생이 된 저는, 제 마음을 지금보다 더 마구잡이

로 헤집어줄 사랑을 기다리며 종종 학교 도서관에 갔습니다. 아직 저에게 찾아오지도 않은 사랑들인데 그 사랑과 이별들을 이미 겪어본 것처럼, 겪은 뒤 마음이 어느 정도 봉합된 것처럼 시원하고 쓸쓸했어요. 겨우 스무 살인데 쉰 살은 된 기분이었죠. 그런 날이면 도서관 구석 자리에 앉아 시 비슷한 것을 적어 내려갔어요. 물론 그때 썼던 시들이 꼭 사랑에 대한 열망, 시간을 뛰어넘어 미래에서 찾아온 허탈함과 직접적으로 연결되지는 않아요. 시에 자주 등장시켰던 이미지들을 조금씩 따라가며 추적해볼 뿐입니다.

사랑에 의해 수많은 각도와 모양으로 깎여나갈 저의 내면을 얼른 들여다보고 싶다는 조급함과, 이미 다 겪었으니 뒷짐 진 채 아무것도 하고 싶지 않다는 나른함이 충돌했습니다. 쓸데없는 싸움을 하는 제 안의 목소리들을 친구나 가족에게 정확하게 설명하기는 어려웠죠. 다만 시집을 펼쳐 읽으면 사랑에 대한 그런 저의 불안과 갈급함이 전부 이해받는 기분이 들었어요. 나만 이상한 건 아니구나, 나만 무언가 잃어버렸다고 느끼는 건 아니구나, 나만 내가 부끄러운 건 아니구나 싶었습니다. 시는 혼란하게 뒤엉킨 저의 시간대, 촉수처럼 사방에서 뻗어 나오는 저의 힘없는 욕구들을 잠깐 잠재워주었죠.

여러분의 세계에 처음 들어온 낯선 존재는 누구인가요. 누가 여러분의 신경을 빼앗고, 답답하게 하고, 자유롭게 만들었나요. 존재는 사람일 수도, 건물일 수도, 사물일 수도, 하나의 기분이나 고향, 음악, 신경질과 트라우마, 마음을 뛰게 하는 디테일이나 처음 겪는 온갖 상황일 수도 있겠습니다. 그 모두는 나를 나답게 만들고, 어쩌면 나를 나답지 않게 만드는 불편함이자 빛, 열망일 것입니다. 처음 직면한 나의 돌출부일 것입니다.

커다란 안경을 쓰고 긴 교복 치마를 입고 교보문고 외국 서적 코너를 힐끗거리던 중학생 시절, 열렬하게 그 일본 아이돌을 바라보면서부터, 그리고 완전히 바라보지 않게 되면서부터 저는 시를 쓰게 되었습니다.

하나의 우산이
낯설어질 때

시를 처음 쓰게 되었을 때, 그것이 시인지 몰랐습니다. 시를 쓰고 있다는 감각은 뒤늦게 왔습니다. 놀이터에서 친구와 서로 그네를 밀어주다가 어느 날 혼자 빈 그네에 앉았을 때, 그 함께했던 하루들이 우정이었다는 걸 뒤늦게 알아차리는 것처럼요. 빈 그네가 계속 마음을 흔들 때 그것이 슬픔이라는 감정임을 마주했던 순간처럼요.

제 안에서 시를 처음 발견한 건 열일곱 살 때 교내 문예부에 들어가서였어요. 남고여서 그런지 문예부보다는 축구부, 농구부에 들어가려는 학생이 많았습니다. 담임선생님이 교탁에서 "축구부에 들어갈 사람?", "농구부에 들어갈 사람?"이라고 외치자, 반 친구들이 너 나 할 것 없이 손을 들었어요. 가위바위보라는 운명에서 이긴 학생만이 동아리 시간에 운동장에서 신나게 공을 가지고 놀 수 있었어요. "문예부에 들어갈 사람?"이라는 물음에 저만 조용히 손을 빼꼼 올렸습니다. 가위바위보를 하지 않아서 다행이라고 생각했어요.

처음 문예부 활동이 시작된 날이 생생합니다. 시를 쓰려고 들어온 학생은 거의 없었거든요. 축구부와 농구부에 들어가지 못하고 마지못해 온 학생이 많았어요. 가위바위보에 져서 문예부에 들어왔다는 학생들의 소극적인 자기소개가 끝나고, 얼굴이 빨개진 채로 시를 쓰고 싶다 말하는 저의 얘기를 듣고는 선배들이 박수를 치며 저를 1학년 문예부장으로 뽑아주었습니다. 초등학교 6학년 때 학급 반장이 된 이후로 처음 맡아본 직책이었죠…….

그날 선생님은 모든 문예부 부원에게 공책을 선물해주었습니다. 새하얀 공책을 펼친 채로 침묵의 시간이 길어졌습니다. 어떤 글이라도 써야 했는데 특별한 소재가 떠오르지 않았습니다. 그때만 해도 저는 남들이 겪지 못한 특별한 일을 겪어야만 작가가 된다고 생각했거든요. 저는 별수 없이 수학 학원에 두고 온 우산에 대해 쓰기 시작했습니다. 특별할 것 없는 나무 손잡이에 아빠가 재직하는 회사의 이름이 적힌 검은 우산이요. 어느 오후 비 예보를 들었던 저는 현관에서 그 우산을 들고 수학 학원으로 향했어요. 우산을 땅에 찍고 빙빙 돌리는 온갖 묘기를 부리며 수학 학원에 가야 하는 지루함을 해소했죠.

아마 저는 수업이 끝난 뒤 줄행랑을 치듯 학원을 빠져나왔던 것 같습니다. 집으로 돌아가는 길 저의 손에는 우산이 없었고, 우산이 없다는 걸 알아챈 순간 갑자기 비가 쏟아졌고. 옷이 다 젖은 채로 버스 정류장으로 뛰어갈 수밖에 없었어요. 버스 좌석에 앉아 창바깥으로 우산을 쓴 사람을 보고 있는데 이상한 감정이 밀려왔습니다. 겨우 하나의 우산이 사라졌을 뿐이지만 궁금해졌습니다. 저는 어쩌면 쓸 수밖에 없었습니다. 낯선 우산꽂이에서 우산이 보내게 될 밤을, 돌아오지 않은 우산에 대해 집 현관에 있는 우산 가족이 나눌 대화를, 다른 사람이 저의 우산을 집어 들고 밖으로 나갔을 때 그 우산이 겪게 될 체험을요. 저의 손에서 멀어지고 나니 문득 우산이라는 사물이 낯설어졌습니다. 하나의 독립된 사물이 된 우산으로부터 다양한 면들이 두드러져서 글이 써졌어요. 그 글을 가까스로 제가 쓴 첫 시라고 부를 수 있지 않을까 싶습니다.

이후 저는 고등학교 때 처음 진은영 시인의 《일곱 개의 단어로 된 사전》(문학과지성사, 2003)이라는 시집을 읽게 되었는데요. 〈이전 詩들과 이번 詩 사이의 고요한 거리〉에서 시인은 다음과 같이 말합니다. "이 시에는 아무것도 없다"고요. "네가 좋아하는 예쁜 여자, 통일성, 넓은 길이나 거짓말 같은 것들이"요. 다만 있다고요. "문을 열자 쏟아지는 창고의 먼지, 심한 기침 소리", "네게 주려 했는데/ 실수로 꽝꽝 얼린 한 컵의 물", "동물원에 가서 검은 정글원숭이들과 싸우고 싶었는데/ 팬지 화분을 선물 받은/ 어린 시절"이요.

그때 저는 시 쓰기가 과거라는 주머니 속 사물의 먼지를 털어내고 새롭게 밝히는 일이라고 생각했습니다. 그 사물은 실용적인 것이라기보다는 우리와 오래전부터 관계 맺어진 채로 기억 어딘가에 남아 있는 것이겠죠. 진은영 시인이 말한 "네게 주려 했는데/ 실수로 꽝꽝 얼린 한 컵의 물"처럼요. 그 물이 녹으면 시는 어떻게 전개될까요? 꽝꽝 얼린 한 컵의 물을 그대로 받은 사람의 심정은 어떨까요? 사물과 마음을 함께 변형시키면서, 시는 아주 먼 곳에서부터 아주 먼 곳을 향해 갑니다. 학원에 무심코 두고 온 우산이 다른 사람의 손에 의해 변형되면서 비 오는 또 다른 하루를 체험하는 것처럼, 시를 통해 사물은 씻기고 새로운 속성이 되어 고개를 내밉니다. 저는 그것이 시가 가진 회복력이라고 믿습니다.

어쩌면 바라보는 사람의 마음에 따라서, 우리 옆에 놓인 많은 사물이 다 시가 될 수도 있는 것이겠죠. 겨울날 가족과 함께 등반했던 눈 쌓인 산이, 골목을 걷다가 들리는 지붕 위 고양이의 울음소리가, 묘기 부리는 튀르키예인 판매원의 막대 끝에 매달린 아이스크림이 다 시가 될 수가 있겠죠. 그렇게 새로운 겨울 산이, 고양이의 울음소리가, 아이스크림이 세계에 밝혀지는 것이겠죠. 진은영 시인이 《일곱 개의 단어로 된 사전》에서 '봄', '슬픔', '자본주의', '문학', '시인의 독백', '혁명', '시'를 통해서 자신만의 사전을 가진 것처럼. 시를 가까이하는 사람은 새로운 사물의 사전을 바라보는 것이겠죠. "일부러 뜯어본 주소불명의 아름다운 편지"*가 시를 읽고자 하는 사람 앞에 있겠죠.

---

* 〈일곱 개의 단어로 된 사전〉, 《일곱 개의 단어로 된 사전》, 문학과지성사, 2003

나에게
시는

'뭐야,

나만 이상한 게 아니잖아?'

사물은 저를 자주 멈춰 서게 하고,
그 사실이 당혹스러울 때가 있습니다.

연덕

모난 내가
누울 곳

전에 다른 인터뷰에서도 한 번 이야기한 적이 있는데요. 중학교나 고등학교 강연을 갈 때마다 꼭 받게 되는 질문이 있습니다. 작가가 되려면 어떻게 해야 하냐고, 어떤 사람이 작가가 되냐고. 저는 매번 같은 답을 해주었어요. "속에 답답한 게 많은 사람. 지금 이 교실에 아무렇지 않은 얼굴로 앉아 있지만, 속에 답답한 게 너무 많고 그게 무엇인지 제대로 얘기할 수도 없을 것 같은 사람. 그런 사람이 작가가 돼요."

돌이켜보면, 학창 시절의 저는 겉으로 아무런 문제도 일으키지 않는 아주 모범적이고 얌전한 학생이었어요. 선생님들과의 관계도 좋았고, 잔잔하게 친한 친구들도 몇 있었고요. 공부는 아주 잘하지도 못하지도 않는 중위권이었고요. 사소한 문제도, 주위로부터 어떤 집중도 일으키지 않는 무색무취의 인간. 그렇지만 늘 무엇이라 표현할 수 없는 답답한 감정이 제 마음을 누르고 있었고, 그 감정과 바깥으로 보이는 사회적인 얼굴 사이의 균형을 맞추며 그렇게 하루하루 겨우 버티며 살아가곤 했지요. 저는 부끄러웠습니다. 아무 일도 없었음에도 불구하고 늘 묘한 무력감, 수치심, 옅은 분노 같은 아름답지 않은 감정들이 저를 떠나지 않았으니까요.

한번은 오후 청소 시간에 유리창을 닦다가, 학교 밖 나무들 사이로 노을이 내려앉는 모습을 바라보는데 마음이 사무치게 아팠어요. 몸에 꼭 맞는 교복을 잘 입고 왔다가도, 교복 블라우스의 리본이 갑자기 너무 싫어서 달아나고 싶었고요. 겨울이면 친구들이 종종 눈사람을 만들어 교실 안으로 갖고 들어오기도 했는데, 함께 웃고 떠들면서도 저의 한 부분은 멀찍이 서서 이 장면을 바라보며 설명할 수 없는 상실감을 느꼈습니다. 이런 감정들은 제 안에 조금씩 조금씩 그러나 무서운 속도로 쌓여갔고, 저는 이것을 최대한 숨겨야 한다고 여겼던 것 같아요. 말할 수 없는 것은 말할 수 없는 상태로 두자. 이상한 형태로, 때에 맞지 않게 흘러나온다면 모두 나를 이상하게 볼 거야. 저것들은 진짜 내가 아니야, 잠시 머물다 지나가는 덩어리들일 뿐이야. 때로는 제가 느끼는 어떤 어긋남들을 부러 외면하기도 하였고요.

그러다 시를 읽게 되었습니다. 읽고 처음 든 생각은 이것이었어요. '뭐야, 나만 이상한 게 아니잖아?'

숨기고 싶었던, 아름답지 않아 보였던, 사람들과 접속할 수 없을 것 같은, 뒤틀린 채 끓어넘치는 외톨이 같은 면모들. 제가 그 무렵 접했던 시들은, 아이러니하게도 모두 그곳을 향하고 있었어요. 시 안에서는 그러한 제 안의 외계성이 오히려 따뜻하게 평범해지는 기분이었죠. '너도 이상한 사람이지? 나도 그래.' 시들이 이야기해주는 듯했어요. 김행숙 시인의 〈해변의 얼굴〉*이라는 시에는 이런 구절들이 나옵니다. "얼굴로부터 넘친 얼굴,/ 나는 당신이 모르는 표정을 짓지만// 내 얼굴엔 무언가 빠진 게 있을 거야." "나는 당신이 모르는 표정을 짓지만/ 내 얼굴엔 무언가 남아도는 게 있을 거야." 무엇보다 저는 제 얼굴을 너무나 어색해하는 사람이었어요. 거울을 보는 것도 부담스러웠고, 단체 사진을 찍는 것도 싫어했죠.

얼굴 위로 오르내리는 수많은 감정들이 교차하고 흘러내리며 지나가는 순간들, 그 순간이 카메라에 담기면 제가 늘상 허둥대는 사람이란 걸 들켜버릴 것 같았거든요. 그런데 저 시에서는 천연덕스럽게, 자기 얼굴에 빠진 것 또는 남아도는 것이 있을 거라는 이야기를 하고 있었어요. 넘친 얼굴이, 남들이 모르는 표정이, 얼굴에서 남아도는 것과 빠진 것들이 주체가 되는 세계가 있다니. 숨기지 않고 드러낼 수 있다니. 그리고 그것이 '시'라니. 곧 녹아버릴 교실 안의 눈사람과 들뜬 친구들 사이에서 느꼈던 미세한 슬픔들, 교실의 시

---

* 《이별의 능력》, 문학과지성사, 2007

간과 무관하게 평행선을 그리며 반짝이는 자연의 시간에서 느꼈던 아름다움과 탈락감, 교복 블라우스 리본의 거추장스러움이 이곳에서는 주인이 될 수 있었습니다. 정말 놀라웠고 마음이 천천히 덥혀지는 기분이었어요. 환영받지 못할 감정들이 모여 다른 감정들을 기다리는 곳. 다른 시간 다른 장면 속에서의 감정들이 선분을 그리며 서로의 현재로 깊숙이 연결되는 곳. 그것이 제게는 한 권 한 권의 시집들이었습니다.

  시집의 언어들이 좋아서 시집을 읽을 때도 있지만, 저는 지금도 저의 모난 모습들이 싫어질 때, 뚜렷한 이유 없이 화가 나거나 슬픔이 밀려올 때, 수치감을 느낄 때 시집을 펼칩니다. 그곳에는 여전히, 정말 열심히 균형을 맞추려 했지만 이내 실패해버린 많은 얼굴들이 켜켜이 쌓여 있어요. 얼굴들은 뾰족하고, 차갑고, 뜨겁고, 이상하게 뒤틀려 있지만, 그 순간의 저에게는 무엇보다 부드러운 침구가 되어주어요. 시집은 모난 제가 자주 눕는 곳입니다. 모난 저를 긍정할 수 있는 유일한 공간입니다.

사물과 관계 맺는
아주 작고 사소한 행위

 시를 읽고 가장 달라진 점은 세상에 많은 사물이 존재한다는 사실을 깨닫게 된 것이에요. 집에서 나와 누군가를 만나러 가기까지 저는 얼마나 많은 사물과 마주칠까요. 층마다 멈춰 서는 엘리베이터를 타고, 빨간 불인 신호등을 빤히 쳐다보고, 헝클어진 신발 끈을 묶고, 나무에 앉은 파란 새를 멍하니 바라보고, 산책을 나온 강아지와 함께 걷고, 연착된 지하철을 타고, 지하철 카드가 제대로 찍히지 않아 역무원에게 도움을 요청하고, 7이라는 숫자를 찾아서 출구로 향하고, 계단을 오르고, 지상의 빛과 가까워지고, 사람들이 모인 7번 출구 앞에서 단 한 사람을 찾습니다.

 방금 나열한 사건 속에서 '엘리베이터', '신호등',

'신발 끈', '새', '강아지', '지하철', '카드', '숫자 7', '계단', '빛' 등의 사물은 찰나 동안 저와 관계를 맺습니다. 제가 약속 시간에 늦는다면 아마도 저와 관계적으로 마찰을 일으킨 사물이 많았기 때문이겠죠. 사물은 멈춰 있는 것이 아니라 저와 같이 행위를 하고 있으니까요. 사물은 저를 자주 멈춰 서게 하고, 그 사실이 당혹스러울 때가 있습니다. 셔츠에서 떨어져 나온 단추를 찾느라 단풍이 쌓인 거리에 오래 붙들려 있을 때처럼요. 반대로 어느새 단추가 채워져, 저는 두꺼운 작업복을 입은 사람이 되어 삽을 들고 눈을 치우기도 합니다. 이 작은 단추가 사람을 여러 장면 속에 놓여 있게 합니다.

사물이 저의 일상적인 행동을 지연시킬 때 새로운 의미가 발생합니다. 때때로 그 의미는 시가 됩니다. 그렇다면 어디까지 사물이라고 부를 수 있을까요. 제가 시 안에서 발견한 가장 작은 사물은 이근화 시인의 〈너의 손바닥과 나라는 얼룩〉*의 화자예요. 이 시는 "네가 손을 들어 올렸는데 나는 어째서 무게가 없는 걸까"라는 문장으로 시작합니다. 그다음에 "너의 코가 입술이 유리문에 닿자 나는 서서히 녹기 시작했다"고 말합니다. 처음에 저는 이 시가 단순히 이별에 대한 시라고만 생각했어요. 그러나 제목을 다시 보니 시의 화자는 누군가의 손바닥이 유리문에 닿아 생겨난 얼룩이었어요. "유리문 이쪽에 목소리가 있고 유리문 저쪽에 냄새가 있지만// 아무 데서도 우리는 만날 수 없겠지"라고 얼룩은 말합니다. 우리는 하루 동안 얼마나 많은 얼룩을 남기고 잊게 될까요. 얼룩은 곧 사라지겠지만 시 안에서 계속 살아가며 우리를 사유하고 있습니다. "내가 죽었는데 살아 있을 네가 드러누울 마룻바닥의 온도"를 떠올리는 얼룩은 이상한 전율을 줍니다. 이 시를 본 사람은 어느 날 티셔츠에 묻거나 유리창에 남겨진 얼룩을 한 번쯤 빤히 쳐다보게 될지도 모릅니다. 그렇게 시는 보이지 않던 사물의 목소리를 들려주는 역할을 하고 있습니다.

---

*   《차가운 잠》, 문학과지성사, 2012

조온윤 시인의 〈생각하는 문진〉**에서 문진은 날아갈 것처럼 가벼워 보이는 사람이 열린 창으로 바깥을 보는 풍경을 바라봅니다. 그때 문진은 그 사람의 몸을 붙잡으려고 하면서 이렇게 말합니다. "이봐, 나를 보라고" "치렁치렁한 외투와 모자를 벗어 조그만 못에 걸어놓듯/ 필요하다면 이 작은 내게로 시선을 걸쳐두라고". 책의 페이지를 누르던 문진은 날아갈 듯한 사람을 누르고자 합니다. 한 사람이 뒤를 돌아 문진을 바라볼 때 실은 사람도 새로운 존재가 됩니다. 아무도 없는 공간에 있는 줄 알았지만 문진에게 시선을 붙잡힌 채로 함께 "끝나지 않은 장면을 펼쳐" 보이기 때문이죠. 그렇게 사물의 수행성은 사람의 수행성과 만나기도 합니다.

저는 요즘 엘리베이터에 대해서 자주 생각합니다. 엘리베이터의 문이 열리고 닫힐 때마다 사진의 셔터

** 《자꾸만 꿈만 꾸자》, 문학동네, 2025

가 눌리는 느낌이 들어서요. 엘리베이터를 탈 때 저에게는 우연한 장면이 많이 발생해요. 이웃집 강아지와 함께 정적을 유지하고, 택배를 배달하는 기사 아저씨의 요청에 열림 버튼을 오래 누르고 있기도 합니다. 택배 상자를 복도에 신속하게 두고 온 기사 아저씨는 고맙다고 말하고, 저희는 같이 1층으로 내려가 건물의 출구로 향합니다. 가끔은 엘리베이터를 혼자서 타기도 하고 너무 많은 사람들 틈에서 숨죽여 타기도 합니다. 엘리베이터에서 우산을 들고 있는 사람들을 보고는 다시 집에 들어가 우산을 가지고 나오기도 합니다. 엘리베이터는 그 풍경을 다 보고 있습니다. 엘리베이터가 열리고 닫히는 행위 속에서 우리는 꼼짝없이 하나의 장면을 이룰 수밖에 없어요. 언젠가는 엘리베이터에 대한 시를 쓰게 될지도 모릅니다. 엘리베이터가 저를 새로운 장면 안에 멈춰 세울수록 그런 생각이 불쑥불쑥 들어요.

읽기의
순간들

오로지 시집을 통해,
다른 세계에 놓여 있게 되는
어리둥절하고 때로는 회피적이고
때로는 감동적인 전환을 좋아합니다.

저는 시집을 붙들고 풍경과 다른 풍경을,
지면과 다른 지면을 통과하고 있습니다.

> 연덕

방 안에서도
엄청난 보폭을 지닌 것처럼

    제가 시집을 언제, 어디서 읽곤 하는지 잘 기억나지 않는 이유는 시집을 펼치자마자 곧장 다른 공간으로 빠져들게 되기 때문인 것 같아요. 이전 공간을 지우고 시인이 설계해둔 가상의 공간으로 넘어가기. 첫 연을 읽고, 다음 연을 읽는 사이 점진적으로, 편편의 시에서 공간의 디테일이 더해질수록 시집 바깥에 두고 온 제 몸은 지워져버려요. 그렇기에 시를 언제, 어디서 읽느냐는 질문을 받는다면 저에게는 반대의 추적 과정이 필요해요. 원래의 내 몸이 지워져버려도 상관없는 곳, 혹은 적극적으로 원래 세계의 내 몸을 지우고 싶은 곳. 그런 곳에서 저는 자주 시집을 읽습니다.

    자연히 저에게 있어 가장 일상적인 공간인 저희 집

거실에서 대부분 시집을 읽게 되네요. 시집 속 빙산과 바다와 숲속과 진창을 지난 뒤…… 다시 돌아와도 별문제를 일으키지 않을 것 같은 공간, 그러니까 저를 그 자리에서 그대로 기다려주는 공간입니다. 시집 속 공간을 탐구하느라 현실에서 무언가 놓쳐버리더라도, 크게 아쉽지 않을 것 같은 공간이 저희 집 거실입니다. 바꾸어 말하면, 놓칠 것이 거의 없는 공간이라고 할 수 있겠습니다. 그 공간에서 저는 시집을 읽으며 '놓칠 것이 거의 없는 상태'로부터 오는 익숙함과 권태감을 씻어냅니다. 시집에서는, 제가 넘어가게 된 공간에서는 어떻게 해서든 비밀스럽고, 섬세하고, 폭발적이며 간절한 에너지들이 오가고 있으니까요.

여행지에 시집을 거의 챙겨 가지 않는 이유도 이 때문입니다. 여행지에서는 다양한 공간에서 예기치 못한 참 많은 일들이 일어나지요. 처음 방문한 곳이든, 오랜만에 방문한 곳이든 '여행'이라는 행위가 주는 감흥은 언제나 놀랍고 그것은 공간에 여러 의미를 덧씌웁니다. 저는 그것들을 읽어내느라 정신이 없고요. 여행지는 거실과 달리 '놓칠 것이 많은' 공간입니다. 물론 여행지는 펼치거나 덮어버릴 수 없고, 간편하게 들고 다닐 수도 없으며 물리적인 글자들로만 이루어진 것도 아니지요. 하지만 새로운 상상력과의 순간적인 접촉이라는 의미에서 저에게 여행지는, 집중해 읽어내야 하는 또 한 권의 시집이에요. 집중력이 부족한 저에게 손안의 시집과 눈앞에 펼쳐진 시집, 두 권의 시집을 동시에 읽어내기란 거의 불가능해요. 시집을 읽느라 비일상적인 제 눈앞의 공간, 자꾸만 몸을 바꾸는 풍경들을 놓칠 수가 없었거든요.

여행지에서도 아주 가끔 의도적으로, 몸을 이곳에서 저곳으로 빠르게 이동시키는 혼란의 재미를 느끼고 싶을 때 시집을 가져가기도 합니다. 딱 한 번, 런던의 커피숍에 앉아 이제니 시인의 《왜냐하면 우리는 우리를 모르고》(문학과지성사, 2014)를 읽었던 적이 있어요. 한국에 있는 저희 집 거실에서 읽을 때만큼 시집에 재빨리 몰입해 제 몸을 밀어넣을 수는 없었지만요. 그때는 오히려 시집의 공간에 오롯이 들어가 집중하지 못한 채, 조금은 튕겨져 나와 있는 저의 다른 부분들에 재미를 느꼈던 것 같아요. 커피숍을 둘러싼 다양한 외국어와 테라스에 내리쬐는 런던의 겨울 햇살, 그 위를 비껴가며 흐르는 한국어의 각진 질감 같은 외부적인 것들에 더 집중하게 되었거든요.

여행지는 저에게 시집을 반만 걸쳐 읽게 하는 묘한 공간입니다. 커피숍을 빠져나오며 제가 가져갔던 시집의 제목을 약간은 다른 온도로 곱씹게 되었던 것 같아요. 시집과 여행지와 제가 '우리'인 것 같았거든요. 모름의 상태에 놓여 있으며 계속해 흐르게 되었던 그때의 기분은 지금도 생생합니다. 언젠가 그때의 감각으로, 미세하게 어긋난 채 겹쳐지던 독서의 흐름들을 떠올리며 시를 써보고 싶기도 합니다.

일상적인 공간은 아니지만, 서두에 언급했듯 적극적으로 제 몸을 지우고 싶은 공간에서 시집을 읽기도 합니다. 이십 대 초반에는 아르바이트 가는 길, 아르바이트 끝나고 돌아오는 길에 지하철에서 시 한 편씩을 읽기도 했지요. 집에서 마음 아픈 일을 겪은 날이면 지금의 감각을 지워버리고 싶어서, 다른 공간으로 끝없이 제 몸을 밀어넣고 싶어서, 그래서 다시 돌아왔을 때는 다른 몸이 되어 있기를 바라면서 시집 몇 권을 몰아서 읽기도 했고요. 이 방법이 통할 때도 있고 통하지 않을 때도 있었습니다. 현실의 공간에서 읽는다 할지라도 거기서, 시집 바깥에서 제가 당면하거나 분투하고 있는 문제가 너무나 크다면, 그곳은 이미 단순한 거실이 아닌 오히려 머나먼 여행지가 되어가고 있다는 생각이 들어요. 다른 이야기와 공간을 계속해 만들어내고 있는 시집이 되어버린 거죠. 그래서 물리적인 시집 읽기에 집중되지 않을 때가 있는 것도 당연해요.

이렇게 쓰고 보니 역시 제가 시집에서 가장 재미있게 생각하고 또 중시하는 것은 바로 공간의 전환입니다. 오로지 시집을 통해, 다른 세계에 놓여 있게 되는 어리둥절하고 때로는 회피적이고 때로는 감동적인 전환을 좋아합니다. 그래서 저에게 시를 읽거나 쓰는 일은 조금도 지루하지 않아요. 언제든 다른 공간에 앉아, 다른 공간으로 넘어가고 있고 전환의 낙차나 완성도

나 속도는 항상 다르니까요.

   오늘도 저는 저희 집 거실에 앉아 시집을 읽습니다. 방 안에서도 엄청난 보폭을 지닌 것처럼, 기차나 비행기를 타고, 아니 구름이나 시추선이나 우주선을 타고 어디로든 가볼 수 있어요. 네, 저는 어디에서든 시집을 읽고 어디에서든 곧장 시집 속으로 사라집니다.

눈 내리는 시속 250km
겨울 기차에서 시집 붙들기

　겨울에는 고향인 강릉에 자주 내려가게 되어요. 설날을 맞이해서도 있지만 겨울 바다를 보고 싶은 마음이 큽니다. 눈이 내릴 때 겨울 바다를 본 적 있나요. 지상으로 내리는 눈이 출렁이는 바다에 닿아 흔적도 없이 녹는 모습을 바라보면, 오직 이 장면을 위해 바다에 도착했다는 생각이 들어요. 오로지 소멸하기 위해서 내리는 것처럼 보이는 눈. 저의 미래가 얼마나 남았는지, 어떻게 펼쳐질지도 모른 채로 그 자리에 서서 눈과 같이 소멸되는 감각을 느껴보는 것이 좋습니다.

　그렇게 저는 겨울마다 청량리역에서 산 따뜻한 커피를 들고 강릉으로 가는 기차에 탑승합니다. 1시간 40분 동안 서울에서 강릉으로 향하는 기차에서 좌석 테이블을 펼치고, 가방에서 강성은 시인의《단지 조금 이상한》(문학과지성사, 2013)을 꺼내 읽어요.

《단지 조금 이상한》에서도 눈의 이미지가 나옵니다. 〈진눈깨비〉에서는 "겨울에 태어난 자들은 겨울이 나눠주는 물을 먹고" "우리는 하늘을 향해 입을 벌리고" "겨울의 시신을 천천히 혀로 녹여 먹"는다고 시인은 말해요. 또한 "어떤 이들은 하룻밤 사이에 백발이 된 자신을 본다"는 문장을 통해서, 매년 새롭게 내리는 눈의 무서움과 놀라움에 대해서 얘기해요. 저도 가장 동시대의 눈을 보면서 나이가 들어가고 있는 한 명이에요. 매년 한 살 더 먹게 되어서 유년 시절에 살았던 눈 내리는 강릉을 보면 정말 기이한 기분이 들어요. 하얀 눈은 소리 없이 울리는 종 같습니다.

《단지 조금 이상한》은 기차 안에서 자다가 깨어나 읽어도 좋습니다. 〈밤기차〉에는 "기차에 무언가를 두고 내렸"지만 "잠이 들었다 깨 보니 다른 누군가가 타고 있었"던 것을 발견하는 화자가 나오는데요. 시 속 화자가 이 기차 어딘가에 타고 있다는 느낌이 들어요.

기차는 긴 잠의 속성과도 닮았어요. 기차와 잠은 저를 어느새 새로운 공간에 데려다 놓습니다. 기차 창문으로 보이는 풍경은 꿈속에서 벌어지는 장면 같기도 해요. 어느새 드문드문 논과 밭이 보이기도 하고, 다양한 색깔의 지붕을 지나치면서 '다시 볼 수 없을 것 같은 풍경'을 마주하는 기분이 들어요. 저는 주로 이동하면서 시집을 읽는 편인데요. 우연히 생겨나는 소음과 풍경이 시집을 읽을 때 끼어드는 것을 좋아합니다. 고요한 곳이 아닌 이동하는 도중에 시집을 펼치면 시집의 두 날개(지면)가 세상의 소음과 풍경을 흡수하는 듯한 기분이 들어요. 창 바깥을 보았을 때의 우연한 풍경과 시집을 펼쳤을 때 마주하는 우연한 지면은 닮아 있기도 합니다.

시집을 읽으면서 모르는 사람의 잠꼬대를 듣기도 하고, 기차를 함께 탄 가족과 친구들의 대화를 우연히 듣기도 해요. 기차의 한 칸, 한 칸이 모두 다른 사연을 가진 사람으로 가득 차 있다는 것이 신비롭습니다. 시집 속 지면마다 화자도 모두 다른 상황을 겪고 있습니다.

이 기차는 지금 강릉으로 향하지만, 세계의 끝으로 가는 기차를 탄 기분도 들어요. 세계 끝으로 추정되는 바다로 향하는 기차를 탄 사람들이 나오는 시, 〈세계의 끝으로의 여행〉을 읽고 있기 때문인데요. 시 안에서 큰아버지는 습관처럼 화자가 흘린 "국수를 젓가락으로 천천히 집어 먹"어요. 화자는 "세계의 끝까지 와서/ 내가 흘린 국수를 먹는 큰아버지 때문에 화가" 나요. 세계의 끝에 가면 어떤 일이 생기는지 모르겠지만, 마지막까지 한 사람이 살아온 습관과 흔적을 지울 수 없는 건 슬픔보다는 기쁨처럼 느껴집니다.

강릉으로 가는 기차를 탄 사람들도 모두 고유한 자신들의 사물을 품에 안고 있어요. 가방, 인형, 담요, 키링 등을 들고 시속 250km로 달리는 기차 안에 있어요. 언젠가 기차는 정말로 세상의 끝으로 갈지도 모르고, 저희가 들고 있는 사물은 마모될 수도 있겠지만. 〈세계의 끝으로의 여행〉에서 "오랜만에 만난 조카에게 손목시계를 끌러 주고" "동생을 너무 많이 닮은 조카를 보고 뒤돌아서 우는" 큰아버지를 이해하고 싶어져요.

생경해지는 건 실은 힘이 많이 드는 일 같습니다. 나와 세계의 관계를 밝히는 일이니까요. 시집을 읽으면 생경해질 수밖에 없어요. 제가 살아가고 있는 현실의 풍경과 시 안의 풍경이 제 안에서 섞여 들어갑니다. 저는 여행을 갈 때면 오래 고민해서 고른 얇은 시집을 짐 가방 속에 넣어두어요. 기차에서 시집을 읽는 건 여행을 기억할 수 있는 하나의 방식입니다. 저는 시집을 붙들고 풍경과 다른 풍경을, 지면과 다른 지면을 통과하고 있습니다.

시 쓰기가
　　나에게는

저에게 시란 순간순간 남겨둔
저의 사적인 장면들을 다시금 배치하고,
이상한 시간대로 흩뿌린 뒤
그 안에 다시 들어가보는 일입니다.

시를 감상하는 일은
저희가 이렇게 사물과 함께 살아 있다는
감각을 느껴보는 일인지도 모르겠습니다.

> 연덕

새 사진 앨범 만들기

시가 제게 주는 의미는 정말로 광범위하지만, 그중 가장 중요한 것은 '불가능한 시간대로 한번 날아가볼 수 있는 자유'입니다. 그러니까 다시 살아볼 수 없는 시간을 살아보는 것, 다시는 돌아갈 수 없는 곳으로 조금은 겸연쩍게 들어가보는 것, 다시 만날 수 없는 사람을 만나보는 것. 그리고 그곳에서 당시에는 할 수 없었던 말을 하고, 하지 못했던 행동들을 하며, 발견할 수 없었던 것들을 나의 속도로 천천히 발견해보는 것. 후회도 미련도 많은 저에게 시의 이런 요소가 없었다면, 저의 시는 많은 부분이 달라졌을 것입니다. 시뿐 아니라 저 자신도, 매사에 자포자기하고 냉소적인 사람이 되었을지도 모르겠습니다.

할아버지, 할머니 때부터 저희 집에는 사진 앨범을 차곡차곡 모으는 문화가 있었습니다. (쌍둥이 동생과 저의 앨범이 책꽂이에 각각 몇 권씩 꽂혀 있는 것만 보아도, 가족들은 저희 두 사람을 '쌍둥이 앨범'에 하나로 묶는 대신 개개의 독특한 역사로 존중해준 것입니다) 아무튼 청년 시절의 할아버지 사진부터 갓 돌지난 아빠의 사진, 중학생 때 엄마의 운동회 사진, 외할아버지의 군 시절 사진 등 저는 전혀 모르는 시간대의 흑백 사진들이 두꺼운 앨범들로 모여 있습니다.

케케묵은 시간 속에 싸여 있던 수많은 사진이 한꺼번에 다시 모습을 드러낸 것은, 엄마가 환갑을 얼마 남겨두지 않았을 때였습니다. 엄마는 그즈음 약간은 귀엽고 약간은 비장한 목소리로, 새 앨범을 하나 사고 싶다고 했습니다. 그 앨범에 자신의 어린 시절부터 지금까지의 사진들을 순서대로 모아보고 싶다고요. 앨범 작업은 그러나 강한 포부를 드러냈던 초반과 달리, 말미에는 엄마도 지쳐 나가떨어질 만큼 고된 일이었습니다. 표본이 된 사진 수가 워낙에 많았고, 그것을 어떤 순서로 배치할 것인지도 문제가 되었던 것입니다.

시간대를 크게 벗어나는 식의 묶음은 없었지만, 엄마는 사진 밑에 찍힌 날짜들까지 정밀하게 계산해 배치하는 데에는 큰 관심이 없어 보였습니다. 그것보다는 엄마 머릿속에 일어났던 여러 변화와 감정, 고민들의 흐름 가운데 사진들을 직관적으로 택하는 것처럼 보였지요. 잘 나온 사진도 그렇지 않은 사진도 있었고, 무척 격한 감정이 담긴 사진도 심심한 사진도 있었습니다. 엄마는 한 시절당 한두 개 정도의 사진을 고르는 거라고 했습니다. 엄마 자신도 감각할 수 없을 정도의 옛날 사진, 외할머니와 외할아버지가 아기였을 때의 엄마를 찍어준 사진도 물론 포함되어 있었고요. 엄마는 자신의 부모에게 전해 들은 에피소드를 또 저에게 전해주었습니다. 엄마 안에는 사진들을 향한 애정 어린 기준들이 있었습니다. 진이 다 빠졌지만 끝까지 고심하는, 행복한 엄마의 얼굴을 본 것입니다. 저는 그런 엄마 주위를 빙빙 돌며 옛날 이야기를 더 해달라고, 이 사람은 누구고 저 사람은 누구냐고, 이때 엄마는 어땠었냐고 엄마를 귀찮게 했었고요.

앨범 작업은 밤낮없이 이루어졌다가 일주일이 지나서야 완성되었고, 묘하게도 그 앨범이 완성된 뒤로 자주 들여다보지는 않았지만, 분명 엄마에게는 큰 의미가 있는 작업임에 틀림없습니다. 작업을 하는 며칠간 엄마는 남들과는 다른 속도로, 한꺼번에 60년의 생을 다시 살아본 것이었을 테니까요.

제가 재미있어하는 것은 이런 시간성입니다. 시에서도 마찬가지입니다. 열 페이지가 넘는 장시가 단 1초 동안의 시간을 품고 있을 수도, 두 행으로 구성된 시가 100년 이상의 시간을 품고 있을 수도 있지요. 환갑을 맞은 엄마가 아기가 될 수도, 아니 아기 이전의 존재가 되어 아직 부모가 되기 전인, 자신의 앳된 부모를 내려다볼 수도 있는 것이고요. 슬프고 커다란 보폭으로 60년을 한꺼번에 살아볼 수도 있습니다.

저에게 시란 순간순간 남겨둔 저의 사적인 장면들을 다시금 배치하고, 이상한 시간대로 흩뿌린 뒤 그 안에 다시 들어가보는 일입니다. 오래 그리워해온 장면들을 최대한 자세하게 구현해 그 안을 활보하는 일입니다. 모르는 사람들에게 그 시간들을, 나의 사랑스럽고 뒤틀린 역사를 전하는 일이기도 합니다. 용서를 구하는 일이기도 하고요. 살면서 저질렀던 크고 작은 실수들, 잘못들을 전부 만회할 수는 없지만, 어떤 방식으로든 아쉬운 시간들을 절대 합리화할 수도 없지만, 내일 더 나아지고자 하는 저를 과거 속으로 조심스레 보내, 다른 것을 보게 하고 다른 말을 하게 하는 것입니다. 그때의 대상과 더 좋은 시간을 보내는 일, 동시에 바꿀 수 없는 것은 바꿀 수 없다고 몇 번의 과정 후에 인정하는 일, 여전히 모자란 내 마음을 그럼에도 최선을 다해 전하는 일, 그것이 제가 생각하는 시의 여러 효용 중 하나이고, 소중한 사진들을 구성하는 방법들 중 하나입니다. 그래서 저에게 시 읽기는 사진첩을 열어보는 일, 시 쓰기는 새 앨범을 꾸려보는 일입니다.

단어를
설치한다는 것

    대학 시절 시 창작 수업 때 가면의 화자라는 개념을 배운 적이 있습니다. 가면의 화자는 시를 쓰는 인간이 비인간의 가면을 빌려서(비인간의 화자가 되어서) 이야기하는 방식인데요. 그 수업에서 학생들은 교수님이 제안한 시제인 '새'의 입장이 되어 시를 써 내려갔습니다. 저는 새가 날자 지상이 이미 그려진 그림처럼 멀어지는 일에 대해서 썼습니다. 하늘을 나는 새의 입장에서는 지상이 작아지고 구겨지는 것처럼 보이지 않을까 싶었어요. 하늘에서 세차게 나는 새의 시선에서는 지상의 사람이 한 건물에서 다음 건물로 이동하는 것이 위태로운 모험 같을 수도 있겠죠.

    교수님께서는 학생들이 쓴 시를 정리해서 다음 수업 때 보여주었습니다. 그날 본 시의 모습은 새라는 단어로 만든 설치미술 같았어요. 설치한 사물의 속성을 낯설게 보여주는 설치미술처럼 누군가는 새의 깃털로, 새의 비행으로, 새의 부리로 다양한 '새의 속성'을 빌려 와 시를 썼습니다. 교수님은 학생이 새의 입장을 생각하며 쓴 흰 종이를 마주할 때마다, 새라는 단어로 설치된 하나의 방에 들어간 느낌이었을까요. 방마다 다른 형상의 새의 모습을 통해 새라는 사물의 확장성을 발견하셨을까요. 그러고 보니 긴 시간 동안 시인이 연작을 통해서 단어를 기입한 시집도 하나의 설치미술품처럼 보입니다. 그 시집에서는 시인이 오랫동안 정착해서 생각해온 단어의 여러 변형이 우리에게 펼쳐지기 때문입니다.

〈사물은 어떤 꿈을 꾸는가〉(국립현대미술관, 2024)라는 공동 전시를 본 적이 있는데요. 사물과 공동의 꿈을 꾸고자 하는 그 전시에도 설치미술품이 많았습니다. 그 전시는 다음과 같은 세 가지 소주제로 구성된다고 소개되어 있었습니다.

첫째, '사물의 세계'는 사물을 재료나 물질로 해체해보거나 다른 감각으로 바꾸어 사물이 우리 곁에 있음을 알아차리게 한다. 둘째, '보이지 않는 관계'에서는 사물이 인간의 쓰임을 받는 대상이 아니라 인간의 삶에 지대한 영향을 미치는 중요한 행위자라는 사실을 확인해본다. 마지막으로 '어떤 미래'는 기존의 범주와 시공간을 넘나드는 사물을 경유하여 불가능한 것을 꿈꿔보는 자리이다.

특히나 사물과 함께 불가능한 것을 꿈꿔보는 자리, 라는 말이 너무 아름답고 시적으로 느껴졌습니다. 시도 설치미술품도 단순히 사물의 속성을 이용해 특이한 형상을 만드는 작업이 아닙니다. 두 장르가 어렵다고 말하는 사람이 있다면, 그건 우리 가까이 있지만 우리가 감각하지 못하는 사물 세계를 드러내는 낯선 감각 때문이겠죠. 그 낯선 감각으로 사물 세계를 인지하는 일 자체가 우리를 내적으로 변형시키기 때문에, '어렵다'고 느끼는 것이겠죠. 그러니 어려움은 새로운 즐거움이 아닐까요. 가장 인상에 남았던 작품은 우리가 매일 보고 사용하는 플라스틱을 소재로 한 〈Song From Plastic〉(우주+림희영, 2022)과 〈램프쉐어〉(미카 로텐버그, 2024)였어요.

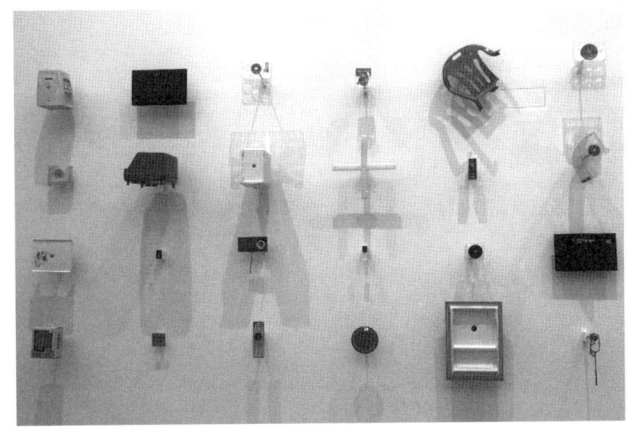

ⓒSong From Plastic, 우주+림희영, 2022

〈Song From Plastic〉은 미래 시대에 화석으로 발견될 수 있는 플라스틱을 벽면에 설치했습니다. 그 플라스틱은 인간에 의해 만들어졌지만 인간으로 인해 버려진 폐기물입니다. '안장이 없는 의자', '오래된 컴퓨터 본체', '바퀴가 빠진 아이의 자동차' 등이 쓰레기장이 아닌 전시장 안으로 들어와서 낯설게 저희를 바라보고 있습니다. 고래의 뱃속에서, 숲속 한가운데에서 발견되는 플라스틱은 나중에 지층 속에 묻힌 채 어떤 소리를 내게 될까요. 우주+림희영은 폐기물 플라스틱을 음악 재생 장치에 넣을 수 있는 디스크의 형태로 만듭니다. 전시장에는 기계장치를 통해 쓰임을 다한 플라스틱 디스크가 내는 소리가 돌고 있습니다.

ⓒ램프쉐어, 미카 로텐버그, 2024

〈램프쉐어〉는 버려진 폐기물 플라스틱을 활용해서 버섯 모양의 조명으로 만든 미카 로텐버그의 작품입니다. 미카 로텐버그는 〈미카 로텐버그: 플라스틱〉 영상에서 플라스틱을 두고 '분해되지 않아 자연으로 돌아갈 수 없는 햇빛이 남겨 있어 슬픈 존재'라고 표현합니다. 저는 그 대목에서 설하한 시인의 〈불가능한 얼굴〉*이 떠올랐습니다. 시의 화자는 "언젠가 투명한 플라스틱 컵에 두렵고 당황스러워 우는 얼굴을 그려 너에게 주었"다고 말한 뒤에 "우리가 죽고 몇백 년 동안 플라스틱 컵은 혼자 울게" 될 것이라고 말합니다. 미카 로텐버그가 재활용해서 만든 플라스틱이 백 년 후에도 가공의 조명을 밝히고 있을 때 우리가 아닌, 플라스틱은 어떤 기분일까요. 자신을 만든 인간이 사라진 세계에서 사라지지 못한 꿈을 가진 플라스틱은요. 시와 설치미술을 감상하는 일은 이렇게 사물과 함께 살아 있다는 감각을 느껴보는 일인지도 모르겠습니다. 시집의 페이지와 미술관의 하얀 공간에 드러난 사물의 표정을 보고, 사물의 감각으로 변형되면서, 우리와 사물 사이에 얽혀 있는 공동의 꿈을 만들어가는

---

* 《사랑하는 일이 인간의 일이라면》, 봄날의책, 2024

일이라는 생각이 들어요. 작가가 세상에서 사라진 후에도 남은 설치미술 작품처럼, 시인이 사라진 세상에 시는 남아 있을 것입니다. 그때 누군가가 사물과 함께 꿈을 꾼 인간의 모습을 발견해주면 좋겠습니다, 외롭게 서 있는 사물로부터요.

Interlude
시, 이렇게

읽어보세요

Q.01

시를 이해하기가 어려워요

시를 이해하려 하지 말고 느껴야 한다는 말은 많이 들었는데, 읽다가 이해 안 가는 부분이 생기면 자꾸 이게 무슨 뜻인지 생각하게 됩니다. '아, 이건 도저히 모르겠다' 싶은 구절이 나오면 그냥 넘어가도 될까요? 그 부분을 끝까지 이해하려고 붙잡고 있다보면 지치더라고요.

 우선 시만큼 불성실하게 읽어도 되는 장르가 또 있을까 하는 생각이 들어요. 저는 시를 여러 번 읽는데요, 실은 저도 처음 읽을 땐 많은 시를 제대로 이해하기 어려워요. 이해가 안 가는 부분은 그대로 두는 것 같고요.

저는 '시적'인 것의 의미를 문장에서 찾기보다, 시가 가진 큰 틀에서 찾아요. 그래서 시 전체가 어떤 시적인 의미를 가지고 있는지 먼저 느껴본 후에 작은 부분을 읽어요. 그러다보면 시인이 시 안에서 해보고 싶었던 시도나 맥락이 조금 더 잘 읽히더라고요.

영화 볼 때 복선이나 힌트를 잘 알아채는 사람들 있잖아요. 그런데 전 잘 못 찾거든요. 영화를 갸 웃거리면서 다 보고 나서, 다시 한번 볼 때야 장면을 이해하게 되는 경우도 있고요. 예를 들어, 영화 〈트루먼 쇼〉 첫 장면에서 스튜디오 조명이 하늘에서 뚝 떨어지거든요. 그런데 그 시점에 관객은 그게 무슨 의미인지 바로 알아챌 수가 없어요. '이게 왜 나왔지?' 궁금해하는 게 당연하고요. 영화가 끝난 후 다시 봐야, 트루먼이 방송 스튜디오 안에서 살았다는 걸 알려주는 장치였음을 알 수 있죠.

그런데 첫 장면을 볼 때 그 조명의 의미가 뭔지 제대로 모르더라도 영화를 즐길 수 있어요. 조명이 떨어졌을 때 트루먼이 굉장히 놀라거든요. 그 장면을 보는 관객도 함께 놀라고요. 그렇게 감정을 함께 느끼는 것만으로 충분한 감상이 아닐까 해요. 시에서도 마찬가지로 문장에 내포된 화자의 감정을 함께 따라가는 것만으로 충분한 것 같고요.

이렇게 생각해보면 어떨까요? 일상에서도 친구가 하는 말의 의미를 전부 이해하진 못하잖아요. 그럴 때는 친구의 현재 상황이나, 그 말의 전

후 맥락을 다시 생각해보기도 하는데요. 이것 역시 친구의 감정 상태를 이해하려는 시도처럼 느껴져요. 그리고 사실…… 친구의 말을 다 이해할 수 있다는 것이 오히려 이상하지 않나요?

화자와 함께 있는 기분으로 시를 읽어보고, 나중에 화자가 있는 장소로 다시 가서 이야기를 한 번 더 들어보는 거죠. 어쩌면 그 화자라는 친구가 나한테 하는 말을, 내가 원하는 방식으로 새롭게 들을 수도 있는데요. 그것은 또 새로운 발견이 되는 것 같아요. 그러니 '시의 문장이 정확히 내포한 건 없다'는 생각을 가지셔도 되지 않을까요?

연덕 크게 세 가지 정도를 얘기하고 싶어요. 첫 번째로, 모든 시를 정복할 순 없는 것 같아요. 아무리 뛰어난 시인도, 이해하기 어려운 시를 쓰는 시인도 다른 시를 100% 이해하지는 못할 거 같거든요.

두 번째는 일부러 이해 불능의 구간을 만들어둔 시들도 있는 것 같아요. 그럴 땐 이해하려 애쓰기보단 '왜 이해를 흐트러뜨리게끔 썼을까' 시인의 의도를 생각해보는 것도 재밌는데요. 왜 여기선 의미가 바로 통하지 않게 꼬아 써놨을지 생각해보면…… 그건 이 시인이 전달하고자 하는 감각이나 장면 자체가 꼬아져 있기 때문일 수도 있어요. 그렇기 때문에 언어도 꼬아진 거고요.

왜 이해 안 가는 구간이 여기 배치되어 있을까 생각해봐도 좋을 것 같네요. 앞서 우근 시인이 말해준 '시의 전체 형태를 보는 것'과도 관련될 것 같아요.

그리고 세 번째로 제 경험상 이해 안 됐던 시들이 한참 후 다시 읽었을 때 자동적으로 이해되는 경우도 있었단 걸 말씀드리고 싶어요. 어떤 시간이나 사건, 사람들을 통과한 후에야 무슨 말인지 알게 되는 시들도 있더라고요. 시간이 필요한 시들도 있는 거지요.

그렇기 때문에 저는 시 읽는 모임도 좋다고 생각해요. 나에게는 전혀 이해되지 않는 시가 다른 사람에게는 확 다가오는 경우도 있고, 그것이 또 반대로 작용할 때도 있기 때문에요.

Q.02

제목을 어떻게 읽어야 할까요?

어떤 시들은 제목부터 너무 어려워요. 제목에서부터 막혀버리면 본문은 어떻게 읽어야 할지……. 제목을 어떻게 읽어내야 할까요?

연덕 시의 경우엔 제목과 본문의 교집합이 아주 크지는 않아도 되는 듯해요. 그래서 더 어렵게 느끼는 분도 계신 것 같고요. 저는 제목도 시라고 생각하는데요. 우선 제목과 내용의 호응이 잘 안되어 어려운 분들에게는, '왜 시인이 제목과 내용의 간격을 이렇게 넓게 벌려두었을까? 왜 서로 다른 두 덩어리를 하나의 시로 만들었을까?' 생각해보는 것을 추천해요. 저에게는 그 연결들을 따라가고 상상해보는 것이 무척 재밌었거든요. 그 과정이 어려울수록 재밌는 시로 느껴지기도 하고요. 그렇기에 오히려 어려운 게 당연할지도 모른다

는 생각이 들기도 하네요.

 제목은 '시의 작동 방식' 같다는 생각이 들 때가 있어요. 고민고민 하다가 첫인상으로 보여주고 싶은 단어를 제목으로 두는 경우도 많고, 아니면 제목부터 정하고 쓰는 시도 많고요. 그래서 제목에서 화자의 목소리를 유추할 수 있는 것 같아요. 예를 들어 이근화 시인의 〈너의 손바닥과 나라는 얼룩〉이라는 시에서는 화자가 정말 '얼룩'이고, 김혜순 시인의 〈안경은 말한다〉의 화자는 '안경'인 것처럼요.

이장욱 시인의 〈택시에 두고 내렸다〉 같은 제목도 떠오르는데, 아주 일상적인 문장이지만 저는 이 제목에서 '돌이킬 수 없는 것'에 대한 뉘앙스를 강하게 느꼈어요. 이 시를 읽다보면 택시 안에 물건만 두고 온 게 아니라 돌아갈 수 없는 세계를 두고 온 느낌, 그로 인해 세계가 바뀐 느낌이 들거든요. 여러 문을 닫고 무심코 앞을 향해 나아가는 일상이 반복되잖아요. 그러는 사이 만져질 수 없고 보일 수 없는 '다른 어떤 것'을 어느새 잃어버린 상황이 제목에서부터 풍겼던 것 같아요. 그 제목이 내포하고 있는 두께감이 느껴졌달까요.

반면 시 내용과 제목의 거리가 멀게 느껴지는 경우는 조금 다를 텐데요. 김혜순 시인의 〈Delicatessen〉이라는 작품이 있어요. 제목이 영어로 되어 있기도 하고, 처음 보는 단어라서 제목은 넘기고 시 내용을 먼저 읽었거든요. 그 시에는 화자와 동생들을 잡아먹으려는 아버지가 등장하는데, 나이가 들면서 오히려 화자와 아이들에게 잡아먹히게 돼요. 아버지의 머리로 마당을 쓴다는 묘사가 나오고요.

시 내용을 인상적으로 기억하고 있었는데 어느 날 합정역 근처를 지나가다 '델리카테슨'이란 식당을 발견한 거예요. 뜻을 찾아보니 '조리된 육류나 치즈, 흔하지 않은 수입 식품을 파는 가게'라고 하더라고요. 그걸 알고 시를 다시 읽으니 시 안의 아버지와 동생이 서로를 판매하려는 것 같은 이상한 기분이 들었어요. '잡아먹히지 않으려고' '판매되지 않으려고' 나와 동생은 여러 저항을 가진 동물이 되거든요. 그 지점에서 흔치 않은 '수입 식품'을 파는 가게를 떠올렸을 때, 폭력의 세계라는 시적 정황과 맞물려 갑자기 무서워지는 거죠. 아까 이야기 나온 것처럼 제목과 내용이 언뜻 봐선 멀게 느껴질 때, 독자가 둘 사이를 메꾸면서 능동적으로 시적 도약을 하게 될 수 있어요. 그래서 제목이 낯설고 어렵게 느껴진다면 시를 다 읽고 나서 제목을 다시 살펴보는 것도 좋은 방법이에요.

―― Q.03 ――

시의 감상을 표현하지 못하겠어요

시를 읽고 나서 '좋다'는 느낌은 들었는데, 왜 좋았는지는 스스로도 잘 모르겠어요. 시 읽기에 미숙해서 그런 걸까요? 내 감상을 말로 설명하는 방법이 있을까요?

연덕 왜 좋아하는지 스스로 잘 모르는 것이 시를 읽는 데 미숙해서는 아닌 것 같아요. 왜 좋아하는지 정확하게 말로 설명하지 않아도 된다고 생각하기도 하고요. 근데 만약 '왜 좋았는지' 잘 얘기하고 싶다는 목표가 있다면 싫은 시가 왜 싫은지를 쭉 정리해보는 것도 도움이 될 거예요. 왠지 모르게 정감이 안 가는 시들이 있거든요. 왜 그런지를 생각해보는 거죠.

이를테면 화자의 태도가 마음에 안 든다거나 표현이 조금 뻔하다거나 하는 나름의 답을 내릴 수 있을 거예요. 그러다보면 반대로 호감 가는 시를 보았을 때 왜 좋은지 발견할 수도 있겠죠. 화자의 캐릭터가 좋거나 화자가 진술하는 방식이 마음에 들 수도 있고 혹은 생각지 못했던 표현을 발견했을 때의 기쁨이 커서, 리듬감이 재미있어서 좋을 수도 있고요. 어떤 시의 전개 방식은 너무 예측 가능해서 싫었는데 또 다른 시는 예상 못 한 방식으로 나아가는 보폭이 마음에 들어서 좋아질 수도 있고…… 다양할 것 같거든요.
내가 싫어하는 시의 목록을 한번 쭉 훑어보고 그게 어떤 면에서 싫은지를 얘기해보세요. 생각해보면, 좋아하는 것은 좋게 말하고 싶은 마음이 크기 때문에 말을 고르게 되거든요. 마음만큼 언어가 터져 나오기는 쉽지 않은 것 같아요. 반면 싫은 대상에 대해서라면 의외로 편하게 이야기하게 될지도 몰라요.

 듣다보니, 좋아하는 마음은 너무 자연스럽기 때문에 '왜 좋은지' 말하는 게 어렵단 생각이 드네요. 전 근데 '좋은 느낌' 받는 거 자체가 너무 좋아요. 좋아할 시를 찾기 위해 시를 읽는 것 같기도 하고요. 음악을 디깅하는 것처럼, 좋아하는 시도 그냥 계속 읽어보면 되지 않을까 싶어요.

감상을 말로 표현하는 건 저도 어려운데요. 그런데 몇 번 읽다보면 나의 일상과 경험이 겹쳐지지 않을까요? 그 시를 좋아하게 된 이유도 나와 어떤 공통점을 가지고 있기 때문일 텐데요. 그렇기 때문에, 그 시를 내 쪽으로 살짝만 끌고 와도 할 수 있는 말이 많을 거예요. 내 경험과 이야기 속에서 그 시를 읽어내보아도 좋겠죠. 우리는 보통 시를 읽을 때 '그 세계'에 초대받는 느낌을 받곤 하는데, 순서를 좀 바꾸어 내 일상에 시를 초대하는 거예요.

연덕 그렇게 했을 때 아까 언급한 '너무 자연스러워서 좋다고 말하지 못했던' 것들을 얘기할 수 있을 것 같기도 해요. 그리고 또 하나 생각이 났는데, 좋아하는 시의 목록을 만들고 그 시들의 공통점을 찾는 것도 도움이 될 것 같아요.
예를 들어, 백은선 시인과 이제니 시인의 작품을 좋아한다고 하면 두 시인의 공통점을 생각해보는 거죠. 화자가 진술에 있어 자기 고백적으로 골몰하고 파고들어간다는 공통점을 가지고 있잖아요. 언어가 꼬리에 꼬리를 물고 길고 깊게 이어지는 부분들이 있고요. 그러면 '나는 정서와 문장이 이렇게 골똘해지는 부분이 좋은가 보다' 알게 될 수 있겠죠. 그렇게 좋아하는 시들을 쭉 펼쳐놓고, 어떻게 좋은 느낌을 받았는지 비교하다 보면 이야기하기 쉬워질 것 같기도 해요.

Q.04

시의 흐름을 따라가기가 어려워요

첫 연은 이해가 되는데, 뒤로 갈수록 시인의 생각을 따라가기가 너무 어려워요. 중간에 이야기가 딴 곳으로 빠지는 것 같은데, 이럴 때 어떻게 읽어야 할까요?

연덕 어려운 질문인 것 같은데요. 왜냐하면 딴 곳으로 빠지는 게 시의 묘미이기도 하기 때문이에요. 시 안에서 갑자기 공간이 바뀌어서 이해가 안 되는 경우를 예로 들어볼게요. 분명 시작할 때는 실내에 있는 것 같았는데, 갑자기 바다가 등장한다거나…… 시 안에서는 그런 전환이 자주 이루어지는데요. 이런 경우라면 화자가 바다 앞에서만 보고 말할 수 있는 것들이 있기 때문일 거예요. 그렇기에 '이동했다'에 초점을 맞추지 말고, 이 화자가 지금 어떤 광경과 사람들을 만나는지 살펴보면 좋을 것 같아요.

저도 마찬가지인 것 같아요. 딴 곳으로 빠지는 것, 거기에 '시적 도약'이 있을 수 있다는 생각이 드는데요. 내가 잘 알고 있는 친구가 있다고 가정해볼게요. 그 친구가 갑자기 엉뚱한 소릴 하는 거예요. 그런데 분명 그 얘기를 한 이전과 이후에 어떤 연결 지점이 있긴 할 거예요. 시 읽을 때도 마찬가지로 그 문장의 전과 후를 살펴보고, 시 안에서 도약해보는 거죠. 빈곳에 오래 머물러보기도 하고요, 채우려 시도하기보다 질문해보는 거예요.

그런데도 따라가지 못하겠으면 그냥 '그런 친구가 있구나' 하면 되는 것 같아요. 세상에 내가 알지 못하는 비밀이 있다는 것도 소중해요. 그리고 그 시는 휘발되지 않고 그 자리에 있으니, 시간이 지나고 나서 그 비밀을 새로이 해석할 수도 있겠고요.

그리고 뒤로 갈수록 따라가기 힘들다는 생각 자체가 '시는 어렵다'는 고정관념 때문이지 않을까 싶기도 해요. 오히려 어디로든 튈 수 있는 장르이기에 매력적이고, 내가 느끼고자 하는 대로 느끼면 되거든요. 그리고…… 시가 어디로든 튈 수 있는 건 우리가 살아가는 삶 자체가 그러하기 때문이란 생각도 드네요.

우근 시인의 예시처럼 우리 주변의 친구들이나 내가 겪는 순간순간들, 해명할 수 없는 것투성이잖아요. 세계를 완전히 이해하는 건 불가능하고요. 그런 세계에서 시는 불규칙성을 담는 그릇의 역할을 할 테고요. 어떤 시를 처음 읽었을 때 명확하거나 안정적으로 읽히지 않을 수 있는데, 그렇다면 그 불안정성 자체가 시인이 그리고자 했던 세계일지도 몰라요. 내가 이해하지 못하는 게 아니라, 이 시인은 이런 형태의 세계를 보고 있구나 하고 받아들이면 어떨까요? 새로이 만난 세계 하나를 감각해본다는 느낌으로요.

———— Q.05 ————

내가 제대로 읽고 있는지 모르겠어요

시를 읽을 때마다 '이게 맞나?' 하는 불안감이 들어요. 제가 받은 느낌이 다른 사람들과 너무 다르면 어쩌지 하는 생각에 자신이 없어져요.

> **연덕** 저도 그럴 때가 있어서 무척 공감해요. 시 합평 수업을 할 때, 학생들의 시를 제가 오독할까 봐 걱정될 때가 있거든요. 보통 학생들이 먼저 합평을 하는데, 제 생각이 여론과 너무 다르면 머뭇거리게 되고요.

> **유근** 저는 다르면 다를수록 좋다는 생각이 들어요. 결국은 내 감상으로 시를 끌고 오고, 그 안에서 놀아보는 게 중요한 것 같아요. 그러면서 다른 사

람들은 또 어떻게 읽고 놀았는지 이렇게 저렇게 공유해보는 게 너무 재밌거든요.
이번에도 사람을 예시로 들어보자면, 한 사람에 대해서 각기 다른 인상을 가지곤 하잖아요. 그렇지만 그 모습 중에 틀렸다고 말할 수 있는 건 없고요. 저렇게 별명이 많았네, 생각할 수 있는 거죠.

연덕 너무 '답정너'로 읽는 것만 아니면 될 것 같아요. 이 시의 질서를 생각하기보다 나의 입맛이나 고집대로 읽으시는 분들도 있거든요. 내 주장에 끼워 맞추기 위한 오독은 좀 지양해야 할 것 같고요. 시가, 문장이 만드는 흐름을 따라가고만 있다면 여러 방식으로 읽히는 건 전혀 문제가 없다고 생각해요. 그렇게 읽어야 재미있기도 하고요.

Q.06

어떤 시집으로 시작하는 게 좋을까요?

유명한 시집이라고 해서 펼쳤는데 너무 어려웠던 기억이 있어요. 상대적으로 쉽고 친근한, 이른바 '입문용 시집'이 있을까요? 혹은 내게 맞는 시집을 고르는 팁이 있다면 소개해주세요.

 사실 저는 '입문용 시집'은 없다는 생각이 드는데…… 그래서 각자의 입문 시집을 소개해보면 어떨까 싶어요. 처음으로 '내가 시집을 읽고 있구나' 생각이 들었던 시집이요.

우근 그런 시집이라면 저는 강성은 시인의 《단지 조금 이상한》이 떠오르고, 또 추천해요. 저는 원래 소설을 쓰다가 대학 와서 시를 쓰게 됐어요. 그래서 시 쓰는 친구들이 좀 멋져 보이기도 하고, 시를 어떻게 읽어야 할지 고민도 많았어요. '그냥 네가 읽는 게 답이야'라는 조언을 듣긴 했지만 저에게 시는 조금 어렵게 느껴졌거든요. 특히 운문시가요.

그래서인지 대학교 1학년 때 읽은 강성은 시인의 산문시가 너무 좋게 다가왔어요. 산문이면서 동시에 시인 것이 좋고, 정황이 다 읽히고 아름다운데도 '이게 무엇이지' 하고 계속 읽게 되는 재미가 있더라고요. 또 환상시가 많아서 시적 도약도 많이 경험할 수 있어요.

무엇보다 시에는 정해진 것이 없구나, 라는 것을 깨닫게 해줬어요. 시를 이렇게 써야만 하는 거구나, 시를 이렇게만 읽어야 하는 거구나, 하는 생각이 없어지고 자유로움을 느꼈어요. 어렵지 않지만 그렇다고 너무 쉽지도 않고, 낯설고 아름다운 시라서 너무 좋았어요. 시에 대한 규정, 오해와 고정관념을 깨뜨릴 수 있다는 점에서 좋은 입문 시집이 되었죠.

> **연덕**

저는 황인찬 시인의 《구관조 씻기기》를 고3 때 처음 읽었는데요. '이런 것도 시가 될 수 있다고?' 하며 놀랐던 기억이 나요. 저는 그중에서도 첫 시인 〈건조과〉를 읽고 엄청 충격받았거든요. 제목 그대로 말린 과일에 대해 서술한 시인데요, 제가 갖고 있던 시의 인상이 깨졌어요. 그 전까지는 시가 무언가 과잉된 느낌의 장르라고 생각해왔거든요. 낭만적이고, 정서가 듬뿍 담겨 있고요.

그런데 건조한 문장들이 주는 낯설고 산뜻한 느낌이 좋더라고요. 그때부터 시를 써야겠다고 바로 마음먹은 건 아니었지만 '시집은 참 신기한 책이네'라는 생각을 처음 했던 것으로 기억해요. 시에 강렬히 매혹되게 하거나, 그간 갖고 있던 고정관념을 깨주는 책이 입문용으로 좋은 것 같아요.

입문용 시집은 누가 정해주기보다, 나와 그 시집의 연이 중요하다고 생각해요. 책등을 보고, 제목이 마음에 들면 한번 꺼내보고 첫 시를 읽어보고…… 하다보면 느낌이 오는 게 있을 거예요. 그리고 만약 다 읽었는데 별로였다 해도, 그 경험 자체가 소중하다고 생각해요. 계속계속 읽어나가다보면 읽고자 하는 혹은 쓰고자 하는 욕구를 크게 전해주는 책을 만날 수 있지 않을까요?

> 우근

그리고 저는 앤솔러지 시집도 추천드려요. 여러 작가들의 작품이 함께 실려 있는 모음집을 읽고, 가장 마음이 갔던 시인의 작품을 더 찾아 읽는 거죠. 아침달 출판사의 《나 개 있음에 감사하오》와 《그대 고양이는 다정할게요》는 반려견, 반려묘를 테마로 한 앤솔러지인데요, 이런 시집을 읽으며 나의 목소리와 맞는 시인을 발견해보는 것도 재밌어요.

서점에서 고를 때에는 쭈그려 앉아 읽는 재미가 있는 것 같아요. 나와 정서가 맞는 시집이 확실히 있거든요. 마치 DJ의 시시콜콜한 이야기, 그의 유머 코드가 좋아서 그 라디오 프로그램을 듣는 것처럼요. 한 시인이 쓴 여러 시에서 화자가 비슷한 정서를 풍기는 경우가 많은데요, 그것이 잘 맞는지 살펴보는 것을 추천드려요. 여러 권 그렇게 읽다보면 이번엔 오히려 나와 정서가 다른 시인들의 시집을 일부러 찾게 되는 경우가 생기더라고요. 그러면서 내 시 취향이 확대된다고 생각해요.

연덕 나와 주파수가 맞는 시집 찾기에 대해 부연해보자면, 여러 권 읽어보며 어떤 시집이 나에게 와닿았고 어떤 시집이 재미없었는지 알아가는 게 중요하다고 생각해요. '시가 어떤 점에서 좋았는지 설명하는 법'에 대한 답과 비슷한 것도 같은데요. 자기 취향을 알아가려면 재밌게 읽은 시집과 그렇지 않았던 시집의 데이터를 쌓는 게 좋아요.

저 같은 경우엔 시 쓰기 시작했을 때 시집들을 열심히 읽었어요. 조금 부끄러운 이유이긴 한데요. 등단 후 시인이 됐는데, 막상 여러 유명 시집에 대해 아는 게 없어 아무 말 못할까 봐서요. 그래서 일단 다 읽어야겠다는 생각이었어요. 그랬더니 '나도 이렇게 쓰고 싶다' 혹은 '좋은 시집이지만 이런 면에서는 나랑 다른 방향으로 진행되는구나' 하는 걸 생각하게 되더라고요. 그렇기에 추천 목록에 있는 시만 읽기보다 이것저것 직접 부딪혀보기를 추천해요. 시험해보지 않으면 모르거든요.

앤솔러지에 대한 얘기도 많이 공감되는데, 같은 선상에서 저는 문예지를 읽어보는 것도 좋을 듯하네요. 신작 시가 많이 모여 있기도 하고, 마음에 드는 시를 찾아 그 시인의 전작을 찾아보는 재미가 있어요. 아직 시집이 나오지 않은 시인이라면 그의 첫 시집 출간을 가장 먼저 기다리는 독자가 될 수도 있겠죠.

나에게서
시에게로

도시에서,
그리고 자연에서

❁ 우리 둘은 각각 도시와 자연에서 자랐습니다.
저는 서울 토박이이고,
강우근 시인은 강릉에서 태어나고 자랐어요.
우근 시인의 시에 등장하는 흰 빛이,
그가 강릉에서 자주 목격했던
엄청난 눈의 이미지로부터 왔다는 것을 들었을 때
감탄하고 아연해졌던 기억이 있습니다.

도시에서 나고 자란 저에게 폭설의 이미지는
그런 식으로 묶이지 않았기 때문에요.
저에게 자연은 성장하고 나서야 알게 되고
좋아하게 된 미지의 것, 익숙지 않은 것,
약간은 심심하고 약간은 두려운 것,
거리감 있는 세계가 주는 이상한 매혹이었습니다.

❁ **연덕**

연덕

무언가 깨지며 내 안에
새로운 자연이 만들어질 때

　'건축'이라는 단어를 들으면 새롭게 지어지는 것, 무언가 축조하는 것, 없던 것을 만드는 상황이 떠올라요. 그러니까 자연보다는 늘 건물이 새롭게 지어지고 헐리는 도시의 이미지가 떠오르는 것이죠. 그러나 황인찬 시인의 〈건축〉 앞에서 저는 자문하게 됩니다. 이미 축조되어 있던 것을 발견하는 것 역시 '건축'이 아닐까 하고요. 낯선 친척 집에서 사물의 구조를 발견하고, 섬세하고 복잡한 뼈로 구성되었다가 조금씩 그 모양을 바꾸어가는 내 마음의 구조를 발견하고, 자연의 설명할 수 없는 구조를 발견하는 일. 손에 잡히지 않는 것들의 구조를 난생처음 목격하는 일. 이 모든 것들이 어쩌면 '건축' 아닐까요.

건축

황인찬

친척의 별장에서 겨울을 보냈다 그곳에서 좋은 일이 많았다 이따금 슬픔이 찾아올 때는 숲길을 걸었다 그러나 여기서 그때의 일을 말하지는 않을 것이다

그보다는 어떤 기하학에 대해, 마음이 죽는 일에 대해, 건축이 깨지는 순간에 대해 이야기하고 싶다

이 시는 지난여름 그와 보낸 마지막 날로부터 시작된다

"이리 나와 봐, 벌집이 생겼어!"
그가 밖에서 외칠 때, 나는 거실에 앉아 있었다 불 꺼진 거실에 한낮의 빛이 들이닥쳐서 여러 가지 무늬가 바닥에 일렁였고

"어쩌지? 떨어트려야 할까?"

그가 물었지만 대답하지 않았다 벌집은 아직 작지만 벌집은 점점 자란다 내버려 두면 큰일이 날 것이다 그가 말했지만 큰일이 무엇인지는 그도 나도 모른다

한참 그는 돌아오지 않는다 벌이 무섭지도 않은 걸까 그것들이 벌집 주위를 바쁘게 날아다니고 육각형의 방은 조밀하게 붙어 있고 그의 목소리가 언제부턴가 들리지 않아 무섭다는 생각이 들 때

"하지만 벌이 사라지면 인류가 멸종한댔어"

돌아온 그가 심각한 얼굴로 말하던 것을 기억한다

그때쯤 여름이 끝났던 것 같다

여름의 계곡에 두 발을 담근 두 사람이 맨발로 산을 내려왔을 때,

늦은 오후에 죽어 가는 새의 체온을 높이려 애썼을 때,

창을 열어 두고 외출한 탓에 침대가 온통 젖어 어두운 거실의 천장을 바라보며 잠들었을 때,

혹은 여름날의 그 어느 때,

마음이 끝났던 것 같다

다만 나는 여름에 시작된 마음이 여름과 함께 끝났을 때에 대해 말하고 싶었다 그러나 그것이 정확히 언제였는지는 도무지 알기가 어렵고

마음이 끝나도 나는 살아 있구나

숲길을 걸으면서 그가 결국 벌집을 깨트렸던 것을 떠올렸다 걸어갈수록 숲길은 더 어둡고

가끔 무슨 소리가 들리기도 했다

그리고 이 시는 시간이 오래 흘러 내가 죽는 장면으로 끝난다

그때는 아름다운 겨울이고

나는 여전히 친척의 별장에 있다

잔뜩 쌓인 눈이 소리를 모두 흡수해서 아주 고요

하다

　세상에는 온통 텅 빈 벌집뿐이다

　그런 꿈을 꾼 것 같았다

                              - 《희지의 세계》, 민음사, 2015

· *Question* ·

Q1. 시 속 화자는 어디에서 무엇을 하고 있나요?

Q2. 친척 집 방문에서, 혹은 여행을 갔을 때 그곳의 익숙하지만은 않은 '실내 공간'들에 관해 상상해봅시다. 친척 집 혹은 숙소의 거실, 서늘한 빛과 바람이 들어오는 방을 상상해보고 그때의 낯선 감흥에 관해 적어봅시다.

Q3. '그'는 아마 화자의 또래 친척인 듯싶은데요. '그'는 무엇을 발견했으며, 이에 대한 화자의 반응과 '그'의 이후 행동은 어떠한가요? 그리고 서로 다른 두 사람의 태도에 의해 화자는 무엇이 끝났다고 이야기하고 있나요?

Q4. 실내 공간 외에 화자가 존재하는 공간이 한 군데 더 등장합니다. 화자는 그곳에서 과거의 일과 시간의 흐름을 상기하는데요. 이 공간은 어디인가요? 그리고 당신에게도 과거 일을 떠올리게 했던 어떤 공간들이 있었다면 이곳에 적어주세요.

Q5. 시에서는 화자의 '죽음'이 등장하는데, 이는 물리적인 죽음으로도 상징적인 죽음(내 안에서의 무언가가 달라짐)으로도 읽힙니다. 계절 또한 여름에서 겨울로 바뀌는데요. 시에는 구체적으로 드러나 있지 않지만, 친척의 별장에서 화자에게 일어났을 일에 대해 자유롭게 상상해봅시다.

· Note ·

   황인찬 시인의 〈건축〉은 각 문장의 길이가 산문만큼 길고, 묘사도 구체적이고 아름다워 얼핏 보았을 때는 잘 읽히는 것 같지만, 읽으면 읽을수록 많은 궁금증이 생기는 시입니다. 화자의 심리 상태에 영향을 미친 결정적인 사건이 과연 무엇인지, 화자에게 일어나는 거의 존재론적인 변화와 배경의 계절적인 변화를 어떻게 이해해야 할지 시에서 직접적으로 이야기해주고 있지는 않기 때문입니다.

   저는 서울에서 자랐지만 친척들이 살고 있던 대전이나 부산, 목포 같은 지방을 종종 방문하기도 했는데요. 한산하고 느린, 거칠고 자유로운 그곳 풍경들과 마주했을 때 느꼈던 호기심, 낯섦과 마찬가지로 실내에서 바깥 풍경을 내다볼 때의 괴리감이나 그곳에서 어떤 특이한 사물을 마주했을 때의 정서가 생생하게 남아 있습니다. 그리고 그 낯섦은 자주 만나지 않는 친척, '나와는 다른' 그의 행위를 목격했을 때 크게 발현되지요. 나와 연결되어 있으나 나와는 조금 다른 부분,

그러나 나의 일부이기도 한 부분, 즉 깊은 곳에 잠겨 있던 나의 '외부'를 처음 발견했을 때 사람은 무언가를 잃게 되기도, 무언가를 배우게 되기도 합니다.

〈건축〉에서의 화자는 친척의 여름 별장에서 만났던 '그'를 지금 겨울 별장에서 다시 떠올립니다. '벌집'이란 자연에서 발견한 무언가 낯선 것, 지금까지 화자의 생활과는 조금 떨어져 있던 사물, 아슬아슬하게 터져 나올 것만 같은 매혹적이고도 위험한 사물을 뜻하는 듯합니다. 그 벌집을 '그'는 결국 깨트리고, 낯선 존재 앞에서 그것이 낯설게 깨어지는 모습까지 목격한 화자는 그 순간 어른이 되어버렸고요. 이 변화를, 시인은 극단적으로 '죽음'이라 표현한 듯합니다. 유년의 죽음, 내 안에 있던 어떤 존재의 죽음 말이에요.

당신에게 낯설었던 것, 바로 행동하거나 결정하지 못하고 당신을 망설이게 했던 것, 그럼에도 불구하고 당신의 눈앞에서 결정 나버린 어떤 장면과 장면 속의 계절이 있나요?

그리고 그 이후 어떻게든 달라져버린 스스로를 발견한 적 있나요?

그런 경험이 하나쯤 있는 사람이라면, 이 시 역시 씁쓸함과 약간의 달콤함 속에서 충분히 음미하실 수 있을 것이라 느낍니다.

도시의 공원을 따라 산책하다가,
우연히 벗어나보기

 산책을 하는 건 풍경의 일부가 되어가는 일이에요. 풍경 속으로 걸어 들어간다는 감각을 잊을 때까지요.

 풍경의 일부가 된 존재를 우연히 바라볼 때가 있어요. 관광지에서 평소라면 먹지 않을 3단 아이스크림을 나눠 먹는 사람을, 골목길에 숨어서 낮잠을 자는 고양이를, 영화관 앞에서 누군가를 기다리는 초조한 사람을 봐요.

 벗어나고 싶은 풍경 속에 놓인 대상을 보기도 해요. 틈 사이로 들어오는 햇볕을 쬐는 동물원의 동물처럼. 미래의 동물원은 스크린 속에 동물이 빛으로 전시된 형태일 거라 상상해보지만, 만약 그런 형태라 해도 동물이 '빛 속에 영원히 갇힌 것 같다'는 생각이 들 것 같아요. 저희도 마찬가지로 그 불빛 속에서 도시라는 시리즈물에 출연해 일하고, 아메리카노를 팔고, 주변을 둘러보며 풀린 신발 끈을 묶으며 상영되고 있어요. 누가 이 불빛을 새벽 5시부터 켜라고 말했을까요? 문득 빛이 없는 쪽으로 걸음을 옮기고 싶다가도, 빛 속에 가만히 머물러보기도 해요. 빛은 우리가 대상을 사랑하는 방식일까요. 김리윤 시인의 〈미래 공원의 사랑〉을 같이 읽어봐요.

◇ ◇ ◇

미래 공원의 사랑

김리윤

눈은 먼 것을 보고 싶어 하네
하지 않으면 안 되는 일을 다루듯이

새 공원을 걸었어
이 공원을 만든 손길이 자연의 윤곽을 흔드네
  조경에는 역시 시간이 필요해, 맞아, 깨끗한 데크를 밟고 빛나는 석조상을 돌아 걸으며 이것도 저것도 모두 세상이 아니라 세상의 이미지인 것 같지 않아? 픽셀을 발끝으로 헤아리며 걷고 있는 것 같지 않아? 이야기했었지

인공 연못 위로 미끄러지는 햇빛, 색색의 튤립, 우리의 키와 엇비슷한 묘목들, 산책중인 개들과 사람들
  종아리에 닿는 코의 축축함만이 이미지 바깥으로

넘치던 기억

 공원에서 우리는 손때로 윤이 나는 얼굴을, 어떤 시간을 만져본 적이 있는 것 같다
 느린 걸음으로 더듬더듬
 미래 공원을 산책하며
 이제는 아름다움에 구원이 있다고 믿는 사람이고 싶지 않다

 건너편 아파트와 엇비슷한 높이의 나무들
 시간을 두르고 무성해진 자연은 데크와 인공 분수, 색색의 튤립, 공원을 공원으로 만드는 것들을, 손길을 날카롭게 도려내네

 기울어진 길을 더듬어 내려가며
 서로의 얼굴 위에서 기우는 해를 봐

 반딧불이는 아주 깨끗한 곳에서만 산다고 하던데, 살면서 가장 많은 반딧불이를 본 건 맨해튼 한복판의

공원에서였어

배수로 옆에서 깜빡깜빡 점멸하며 떼를 이루던 조그만 푸른빛들

어떤 빛은 맹목을 작동시키네
깜빡이는 빛들을 보면 깨끗한 숨을 들이쉴 수 있어
이 공원에서 그런 빛의 부분이 되어본 적 있어
전기로 작동하는 작고 푸른 빛
어둠 속에서 우리는 반주도 없이 같은 노래를 불렀지

영원히 기억하겠다는 약속을 한 적이 있어
이제 그것이 너무 지키기 쉬운 약속이란 걸 알아버렸지

영원히 매끈한 얼굴
구원 없이도 그냥 있는 아름다움이
높은 창문에서 엎지른 물처럼 쏟아져

우리는 그것을 함께 덮어쓴 채로

일하고 산책하고 밥 먹고 사랑하며 시간을 보냈지

미래 올림픽공원

경기장을 따라 더듬더듬 원을 그리며 걷는 우리

이제 산책을 위해서만 여길 찾는구나, 살다 보니 참 별일도 다 있지

서로의 얼굴을 보며 웃었어

세상을 만나면 세상의 이미지는 무너진다*

이 자리에는 먼지도 앉지 않네

이 이미지는 만나야 할 세상을 잃어버렸어요

우리는 이 이미지를 무너뜨릴 얼굴을 기다렸지요

가만히 놓여

아침에는 푸른 빛으로, 오후에는 금빛으로

아름답게 빛날 수만은 없는 얼굴을

작게 점멸하는 푸른 불빛들

깨끗한 숨을 들이쉬고 뱉어

천국의 조경도 시간을 두르고

무성하게

천국을 만든 손길들을 오려내겠지

이 나이가 되면 무엇도 그렇게 먼 것으로 느껴지지 않아요

경기장 주변을 도는 동안 천천히 이미지의 모서리가 무너지네

빛이 형태를 무너뜨린 사랑이

모서리가 무너진 이미지가 우리 안에서

영원히 구르고 있어

＊ 시오 앤서니, 「모든 곳에, 가득한 빛」, 2021.

−《투명도 혼합 공간》, 문학과지성사, 2022

· *Question* ·

Q1. 이 시에서 공원은 어떤 모습을 하고 있나요? 최근에 산책한 공원의 풍경과 비교해보세요.

Q2. 시에 나타난 공원에서 자연은 어떻게 변해가고 있나요? 도시 속에 자연이 자리 잡은 풍경을 떠올려봅시다.

Q3. '이것도 저것도 모두 세상이 아니라 세상의 이미지인 것 같지 않아?'라는 말은 어떤 뜻일까요? '세상'과 '세상의 이미지'는 각각 어떤 의미일까요? '세상'을 '물고기'로 바꿔보자면 '물고기'와 '물고기의 이미지'는 어떻게 다른가요?

Q4. 화자는 이미지를 무너뜨릴 얼굴을 기다린다고 합니다. 그 얼굴은 어떤 모습을 하고 있을까요?

Q5. 사람은 자연에 가까운 존재일까요? 인공에 가까운 존재일까요?

· Note ·

　작은 해안 마을에서 자란 저는 어린 시절 TV 속에 보이는 서울이 궁금했어요. 미션을 위해 버스와 택시를 타는 무한도전 멤버들 뒤로 얼핏 보이던 여의도, 남산타워, 가로수길을 걸어보고 싶었어요. 초등학교 4학년 때 가족과 함께 간 서울 여행에서 63빌딩에 올랐던 기억이 생생합니다. (제2 롯데월드가 아직 건설되지 않았을 때여서) 63빌딩은 한국에서 가장 높은 층을 가진 건물이었어요. 63빌딩 아쿠아리움에서 본 다양한 색깔의 물고기는 신비했고, 전망대에서 내려다본 도시의 거대함에 그만 서울을 동경하고 말았습니다.

　서울에 살게 된 이십 대 중반 무렵 저는 문득 63빌딩에 다시 올라보고 싶었어요. 코로나가 한창인 2020년이었고 저는 마스크를 쓴 채로 안내원을 따라 엘리베이터에 탔습니다. 엘리베이터가 한 층, 한 층 올라가면서 몸이 붕 뜨는 듯한 기분이 들었어요. 마침내 전망대에 발을 내디뎠을 때, 한강변을 따라 줄지어 선 채로 불빛을 내는 차와 건물은 장난감 모형처럼 작게 보였습니다. 금방이라도 사라질 것만 같은 가상 세계를 대면하고 있다는 생각이 들었어요. 사람들이 아쿠아리움 속에 물고기를 넣어 전시하는 것처럼, 63빌딩에서 본 서울도 하나의 거대한 전시품처럼 느껴졌어요.

김리윤 시인의 〈미래 공원의 사랑〉에는 "건너편 아파트와 엇비슷한 높이의 나무들", "데크와 인공 분수", "색색의 튤립"과 같이 인간이 아름답다고 생각하는 방향으로 자연이 재단된 도시 풍경이 보입니다. "공원을 공원으로 만드는 것들"이라는 말은 '도시를 도시로 만드는 것들'로 들리기도 합니다.

집에서 바다까지 산책을 종종 하던 청소년 시절과 달리, 저는 서울이라는 도시 한복판을 산책하는 어른이 되었습니다. 어떤 날은 산책을 하던 중 개구리 소리가 들려왔어요. 개구리가 소리가 들리는 쪽으로 걸어갈수록 아파트 단지 안으로 진입하게 되었습니다. 그 소리의 근원은 아파트 풀숲에 심어진 재생 장치였습니다. 장치를 통해서 녹음된 개구리 소리가 재생되고 도시 사람들은 자연을 향유하고 있었던 거죠. 〈미래 공원의 사랑〉의 화자도 맨해튼의 공원에서 이질적인 반딧불이의 빛과 함께 "전기로 작동하는 작고 푸른 빛"을 발견합니다. 그리고 "영원히 기억하겠다는 약속", "이제 그것이 너무 지키기 쉬운 약속이란 걸 알아버렸지"라고 말합니다. 반딧불이가 공원에서 사라지더라도, 인공적인 빛은 남는 세계. 자연을 복사된 빛으로 언제든지 이미지화해서 재생산할 수 있는 세계가 눈앞에 있습니다.

광화문 광장에서 미디어 캔버스로 빌딩 벽면에 출현한 호랑이의 모습*을 볼 수 있고, 국립중앙도서관에서 실감 미디어로 구현된 이상 시인과 대화를 나눌 수 있는 시대**가 되었습니다. 도시의 기술은 자연뿐 아니라 사라져가는 모든 것을 "영원히 매끈한 얼굴"로

---

*   '광화벽화'를 주제로 한 공모전에 선정되어 대한민국역사박물관 외벽에 설치된 작품 '타이거(TIGER)'
** 한국 고전문학과 디지털 기술을 결합한 국립중앙도서관의 실감형 체험 공간 '열린마당'

만들어내고 있습니다. 〈미래 공원의 사랑〉은 시를 통해 도시 한복판의 공원을 걷게 하고 "공원에서 그런 빛의 부분이 되어본 적 있"는 우리에게 질문합니다. "영원히 매끈한 얼굴"이 도시가 생각하는 미래적인 사랑 방식이라면 그건 기쁨일까요, 슬픔일까요?

화자는 도시가 만들어낸 "이미지를 무너뜨릴 얼굴"을 함께 기다립니다. 그 얼굴은 현재 우리가 살아 있음을 발견하고 서로를 마주하는 모습일 수 있을 것 같아요. 아쿠아리움의 물고기가 누군가에게 감상되기 위해서 태어나지 않은 것처럼, 유리 벽 너머 "세상의 이미지"를 무너지게 할 "세상"의 몸짓들이죠.

"경기장 주변을 도는 동안 천천히 이미지의 모서리가 무너지네"라는 문장에서는 도시라는 이미지 바깥에서 우리만의 속도와 리듬으로 걷고 있다는 감각 같은 것이 느껴집니다. 도시화의 이미지에서 벗어나기 위해 가끔은 엉뚱한 행동을 하고 싶어질 때가 있습니다. 출근을 할 때 공원의 벤치에 앉아서 구름을 오래도록 관찰한다든지, 점심시간이 되면 안 가본 산책로를 탐색해본다든지요.

일본의 현대미술가이자 소설가인 아카세가와 겐페이는《초예술 토머슨》*에서 산책을 하며 세상에 무용하게 남겨진, 쓸모를 알 수 없는 사물을 발견하는 일을 제안합니다. '입구가 시멘트로 완전히 막혀 있어서 열지 못하는 문'과 '건물과 이어지지 않은 채로 거리에 덩그러니 남겨진 계단' 같은 사물은 도시의 미래적인 이미지와 무관합니다. 그 사물은 오히려 새롭게 생겨나는 건축물들에 의해서 밀려나 있고, 이대로 사라진다고 해도 기술로 복구되지 않을 것입니다. 그러나 그런 뜻밖의 사물의 모습을 발견하는 일은 해방감을 줍니다. 우리의 움직임을 기능적이게 만들지 않죠, 들려오는 음악에 아무렇게나 춰보는 우연적인 춤처럼.

---

*   《초예술 토머슨》은 책 제목이자 저자인 아카세가와 겐페이가 명명한 미술 개념이다. 아카세가와 겐페이는 고액 연봉을 받으며 입단했지만 끝없이 삼진 아웃을 당하며 벤치를 지켰던 야구 선수 '토머슨'의 이름을 빌려서, 기능하지 않은 채로 무용하게 도시에 남겨진 사물을 '초예술 토머슨'으로 일컫는다.

실내에서,
그리고 실외에서

✕
◌ 내향적인 우근 시인이 실외를 돌아다니는 시를,
외향적인 제가 실내에 머무는 시를 읽으면
어떤 차이가 있을지 궁금했습니다.
어떤 부분이 피로하고, 어떤 부분이 잘 보이고,
어떤 부분이 읽는 이의 몸과 얽매일 것인지
추적해보고 싶은 것이었어요.

내향인인 우근 시인이 종일 산책하는 시를 읽습니다.
외향인인 내가 실내에서 자꾸만 골똘해지는 사람,
'작게 말하는' 사람의 시를 읽습니다.
공간의 열림과 닫힘은 읽는 사람의 정신에
어떤 영향을 주는 걸까요?

°◌ **연덕**

> 연덕

문을 닫은 뒤,
펼쳐지는 깊은 실내의 세계

　우리는 하루에도 수없이 많은 '실내'를 거느리고 살아갑니다. 바깥에서 시간을 많이 보내는 사람일수록요. 우리가 바깥을 걷고 이동하는 모든 일이 더 많은 실내를 거느리기 위한 행위처럼 느껴질 때도 있어요. 이 실내에서 저 실내로 가기 위해, 이 실내에서 더 안쪽 실내로 들어가기 위해……. 외부의 빛, 외부의 소음, 내가 제어할 수 없는 온갖 외부의 자극을 겪고 실내로 돌아온 나의 신체는, 바깥보다는 제어하기 쉬운 실내에서 주로 정적인 행위를 합니다. 잠을 자거나, 앉거나, 멍하니 한곳을 응시하곤 하죠. 그제서야 '작은 소리'를 듣게 되고요.

　실내가 단지 물리적인 공간에 국한되는 것 같지는 않아요. 깊이를 다 알 수 없는 꿈의 안쪽, 음악을 들으며 외부 세계와는 전혀 상관없는 기분으로 빠져들게 되는 나의 귓속은 제가 생각하는 가장 신비로운 실내입니다.

작게 말하기

마윤지

병원에서 일하는 네가

집에 들어와 오래도록 자겠다고 한다

턱 밑에 피가 묻어 있다

어쩌다가 그랬니

물어도 말없이

나는 종종 튤립과 호아니를 묶어

너의 손에 쥐여 보냈다

아무 소식 없는 창가

유니폼

얼룩

몇 인실이든 그런 곳이

있다고 했다

아주 작은 소리로 말하는 사람들

조용조용히

가만가만히

네가 꾸는 꿈속엔

나무가 흔들리거나

얼굴과 이름이 맞지 않는 친구들

사이에 김가영이 있다는 이야기

가영이는 군인이었다가

가영이는 몇 해 전 죽은 이모였다가

가영이는 첫눈이었다가

가영이는 가느다란 종아리였다가

가영이는

그래도 너는 매번 손을 잡으며

잘 지내니 가엾이구나 또 왔구나

그래야만 한다고 했다

이른 아침의 깨끗한 냄새

몸에 잘 붙는 것들의 순식간

너는 여우 문신을 하기로 한다

팔목

점 같은 마음에 가까우려고

나는 할 수 있는 만큼 멀리 갔다가

천천히 돌아와

좁은 방

땀 흘리며 숨 쉬는

어둠에 귀를 댄다

                                  -《개구리극장》, 민음사, 2024

· *Question* ·

Q1. 시에는 두 개의 실내 공간인 '병실'과 '집'이 등장합니다. '너'에게 병원은, 그리고 집은 어떤 공간일까요. '네'가 병원에서 듣는 소리, 그리고 '집에서 하지 않는 것'이 무엇인지 유념해 읽어봅시다.

Q2. 시가 전개되며 또 하나의 실내 공간인 '꿈'이 등장합니다. 무의식 안에서 펼쳐진다는 점에서 '무의식의 실내'라고 생각해볼 수 있겠네요. '너'는 꿈에서 누구를 만나나요? 그리고 그 누군가의 존재는 어떻게 바뀌어가고 있나요?

Q3. 병원에서 일하는 사람들이 많은 환자들을 만나며 느끼는 감각과, 꿈속 다양한 '김가영'들을 만나며 느끼는 감각 사이의 공통점에 대해 떠올려보아요.

Q4. 당신에게 '집'은 어떤 공간인가요? 집에서 당신은 어떤 움직임들을 멈추게 되나요? 동시에 어떤 소음들을 느끼나요?

Q5. 당신의 일터가 실내라면, 실내의 일터가 당신에게 주는 느낌, 그곳에서 들렸던 작은 소리들에 대해 곱씹어 봅시다.

Q6. '너'는 마지막에 병원과도, 집과도, 꿈과도 상관없는 공간을 상상하게 하는 '여우 문신'을 합니다. 당신이 실내의 답답함으로부터 벗어나고 싶을 때 해보는 행위가 있을까요.

· Note ·

    마윤지 시인의 〈작게 말하기〉에는 '너'를 중심으로 총 세 개의 공간이 등장합니다. '네'가 일하는 병원, 그리고 화자와 '너'가 함께 사는 집, '너'의 꿈속 공간까지. 이 실내의 공간들은 비슷하면서도 조금씩 다른 특성을 지니고 있는데요. 우선 병원은 턱 밑에 알 수 없는 "피"를 묻혀 올 수 있는 비릿한 공간, "유니폼"과 "얼룩"의 공간, "아주 작은 소리로 말하는 사람들"이 있는 공간입니다. 규격에 맞춰진 공간인 듯 보이나 그 규격을 넘나드는 얼룩과 작은 데시벨들로 가득한, 조금은 불안한 공간이지요.

    집은 그런 '네'가 "오래도록 자겠다"고 할 수 있는 공간, 즉 시의 후반부 구절에 직접적으로 등장하듯, "할 수 있는 만큼 멀리 갔다가／ 천천히 돌아"올 수 있는, 얼룩과 소음을 지우는 공간이자 휴식의 공간입니다. 그러나 완전한 휴식의 느낌은 아니고, 단지 병원과 차단되었다는 데서 오는 임시적인 휴식의 느낌만 자아내요. 화자가 바라보는 대상인 '너'는 여전히 고단하고 피로해 보이는데요, 그것은 이 실내 공간 속에서도 완전히 차단되지 않는 것, 바로 무의식과 정신, 꿈 때문입니다.

'너'는 꿈속에서 수많은 '김가영'들을 만나요. 그는 "군인"이었다가 "몇 해 전 죽은 이모", "첫눈", "가느다란 종아리" 등 계속해 모습을 바꾸는데, 이는 '너'가 병원에서 계속해 경험하는 현실, 비슷한 이름의 환자들을 계속해 만나게 되는 피로한 현실에서 비롯된 것이 아닌가 싶어요. 때문에 '너'는 현실의 병원에서 그러했듯, 꿈속의 어떤 가영이에게도 "잘 지내니 가영이구나" 알은체를 하며 마음을 쓰고 있습니다.

한 공간에만 머물고, 그것을 좋아하는 사람의 몸이 내향적인 몸이라면, 저의 몸은 외향적인 것에 더 가깝습니다. 그렇기 때문에 사방의 벽이 막힘의 감각을 제공하는 '실내'라는 공간에서 안정감과 답답함을 동시에 느끼곤 하는 것 같아요. 혹은 막혀 있음에도 여전히 열려 있는, 여전히 외부의 얼룩과 소음과 온갖 패턴들을 끊어내지 못한 실내의 외향성을, 실내가 품고 있는 어떤 이상한 가능성을 늘 살피고 싶어 하는 것도 같고요.

  집에 돌아오면, 가장 익숙한 곳에 돌아오면 분명히 완전한 휴식이 따라와야 할 것 같은데, 무의식과 꿈이라는 '벽'에서 열리는 또 다른 외부를 감각할 때의 서글픔이 있지요. 그렇기 때문에 바깥 돌아다니기를 좋아하는, 몸에 에너지가 많은 편인 저에게 이 시는 정말 반갑게 이해되었답니다.

  시의 말미에는 조금 뜬금없이, 네가 "여우 문신을 하기로 한다"는 돌출적인 상황이 등장하는데요. 아마 자신의 신체에 또 다른 공간, 현실의 이 자질구레한 공간들과는 차단되는 공간을 마련하기 위함이 아닐까 싶습니다. 이 공간은 "팔목"에 마련된다는 점에서 내부(실내)의 것이지만, 거기 얹혀져 또 많은 외부를 감각한다는 점에서 바깥의 것이기도 합니다. 또 문신의 이유로, '너'는 "점 같은 마음에 가까우려고"라고 하는데요. 점은 결국 모든 것이 하나로 모여드는 장소, 즉 '집'을 뜻하기도 합니다. "땀 흘리며 숨 쉬는/ 어둠에 귀를" 대는, 더 많은 휴식의 장소를 원하는 '너'의 마음을 서글프게 엿볼 수 있는 시였답니다.

당신에게 위로가 되는 실내 공간은, 집의 특성에는 어떤 것들이 있나요?

동시대적인
사람이 되어서 걷기

    신호등 앞에 설 때면 알지 못하는 우연 속에서 사람들과 몇 초에서 몇 분간 시간을 공유하고 있다는 생각을 해요. 신호를 기다리면서 저희는 가장 동시대의 사람이 되어가요. 지금 2025년 4월 29일 10시 23분에서 24분이 되었고, 10시 25분이 신호 앞에선 공기처럼 소리 없이 저희에게 머무르니까요. 아직 알지 못하는 일 앞에서 저희는 몇 번이고 가만히 서 있어야 해요.

    그때 어떤 생각을 하고 있나요. 맞은편에서 신호를 기다리는 또 다른 사람을 보고 있나요. 언제까지 동시대의 사람이 되어서 신호를 기다리게 될지 몰라요. 상점가로, 골목으로, 회사로, 공원으로 저희는 곧 사라질 거예요. 그러다 우연히 저희는 어디선가 또 보겠죠, 몇 번의 우연이 저희를 지나갔는지 모르는 채요. 그것이 행인이라는 이름이 가지고 있는 비밀이겠죠. 산책하는 사람인 안태운 시인은 〈행인들〉에서 행인이 되어 관찰을 해요. 그 속에 저희도 있었을까요.

행인들

안태운

잘 지내나요, 행인들

어떻게 가나요

행인을 멈추며 행인이 되어보고자

나는 허밍을 합니다

허밍은 잘 달아나는군요

허밍은 시도 때도 없군요

행인들, 나는 신호등을 만집니다

그렇게 신호등을 건너고 인도를 걷다가 마주치는 모습은

누군가 동물에게 존댓말하는 장면

이제 그만 짖어요

집으로 돌아갈까요?

그 후 동물의 뼈를 쥐어보며 고대 유물을 바라보듯 하는 인간도 지나칩니다

나는 전조등 속으로 눈동자를 빠뜨리며

눈동자가 서서히 생겨나는 걸 지켜보는데……

행인들, 그러면 멀리 있는 흔적들이 이곳으로 오는 것도 같군요

어떻게 가나요

어디를

인간의 생애 주기를 따라가볼 수도 있겠죠

태어나고 맺고 꿈꾸고 낳고 기억하고 돌보고……

윗대의 가정이 상실되어도 아랫대의 가정은 이어지므로 슬픔은 기어코라도 지나갈 것임을

그런 건 어떤 느낌인가요, 행인들

후대를 생각한다는 것은

걱정한다는 것은

건강하기를 바라요

나는 산책에서 돌아온 내 늙어가는 개를 바라볼 겁니다

태어난 조카를 경계하며 짖다가도 어느 순간 조카의 얼굴에 대고 코를 킁킁거리는 개를

그리고

멈춰 있는 시계만 보면 희한하게도 계속 웃던, 자라서 이제는 움직이는 것에만 반응하는 조카를

표정이 생겨나나요

알 수가 있나요, 행인들

여러 언어를, 하지만 모국어처럼은 아니게 구사하는 인간들은 사투리를 끝도 없이 불려가는 것 같군요

어떻게든 알아들을 수는 있었죠

행인들, 언어가 통하지 않는 인간의 생각을 훔쳐볼 수도 있었습니다

훔쳐서 그대로 행동해볼 수도

춤추기 위해 만든 노래처럼

노래가 되어 춤을 춰보았습니다

하지만 누구든 지나치는군요, 행인들

행인을 멈추며 행인이 되어보고자

나는 누군가를 서성여보았죠

-《산책하는 사람에게》, 문학과지성사, 2020

· *Question* ·

Q1. 이 시에서 '행인들'은 어떤 모습을 하고 있나요?

Q2. 〈행인들〉 시에서는 "멀리 있는 흔적들이 이곳으로 오는 것도 같"다고 말합니다. 또한 산책을 하다가 화자는 문득 "인간의 생애 주기를 따라가볼" 수도 있다고 말합니다. 〈행인들〉 시에서 거리는 어떤 공간으로 대변되기도 하나요?

Q3. 이 시를 읽고 나서 산책을 해본 뒤에 본 풍경을 적어봅시다.

Q4. 이전에는 자주 봤지만, 지금은 사라진 풍경이 있을까요? 시간이 지나도 거리에서 절대 사라지지 않았으면 하는 풍경으로는 어떤 것이 있을까요?

Q5. 시간이 한참 지난 후에 다시 걷게 된 거리를 생각해봅시다. 그 거리를 처음 걸었을 때와 최근에 걸었을 때는 얼마나 많은 시간이 지났나요? 나의 모습은 얼마나 변했나요?

· Note ·

　산책을 할 때면 여러 사람들의 뒷모습을 보게 되어요. 각기 다른 모양과 크기의 등을 보이며 걷는 사람들이 어디로 흘러갈지 문득 궁금해집니다. 약속이 있어서 식당을 찾아 나서거나, 회사에서 퇴근하여 집으로 돌아가는 길이거나, 누군가의 선물을 사러 상점을 향해 가거나, 데이트를 하러 가는 길인지도 모르죠.

　걷는 건 아주 생생한 행위입니다. 지금 걷는 사람들을 본다는 것에는 같은 시간, 같은 거리를 공유하고 있다는 감각이 수반되어요. 동시대의 음식, 선물, 데이트를 마주하는 사람들 사이에서 저는 종종 목적 없이 걸어볼 때가 있습니다. 머리가 무거워지는 느낌이 들면 종종 생각을 정리하기 위해 걷습니다. 대학 진학을 앞두고서도 걸었고, 친구와 사이가 좋지 않아져서 걷기도 했어요. 집 안에 있는 것이 너무 답답하게 느껴져서 걸을 때도 있었을 거예요. 생각을 구름처럼 띄워보기 위해서요. 돌이켜보면 그 생각들이 모두 소중하게 느껴져요. 그때만 할 수 있는 생생한 생각들 속에서 걸었기 때문이에요. 문득 그 시간 때 우연히 걷던 사람들은 다 어디로 갔을지 궁금해집니다. 얼굴도 기억나지 않고, 서로를 안다고 말할 수도 없는 무수한 사람들이요.

〈행인들〉이라는 시는 불특정 다수의 행인들에게 인사를 하면서 시작합니다. 그 인사말이 귀엽게 느껴지기도 하고 괜히 반갑기도 해요. 시의 화자가 인사를 건네는 불특정 다수의 한 사람이 저였을지도 모르니까요. "잘 지내나요, 행인들", "어떻게 가나요". 인사말을 건네고 난 뒤에 화자는 점점 행인들을 유심히 관찰해요. 동물에게 존댓말을 하는 행인이 있는가 하면, 동물의 뼈를 쥐어보며 고대 유물을 바라보는 행인도 있습니다. 산책을 하면서 바라본 두 행인은 같은 사람일지, 다른 사람일지 질문을 하게 해요. 걷는다는 것은 시간의 흐름 속에 존재한다는 것이니까요. 화자는 같은 거리를 10년 후에, 20년 후에 걷고 있을지도 모르겠습니다.

화자는 거리를 걸으면서 인간의 생애 주기를 따라 가볼 수도 있다고 말해요. 그때 거리는 인간이 살아온 기나긴 역사의 현장처럼 느껴져요. 저는 학과 청둥오리를 볼 수 있고, 산책길을 따라 다양한 나무들이 심어진 청계천을 자주 걷는데요. 화가 박수근의 그림 속 청계천에는 흐르는 물에 빨래를 하는 사람들이 등장합니다. 그렇게 박수근의 그림을 떠올리면 제가 걷는 천변이 낯설어져요. 청계천이라는 공간은 여전히 남아 있지만 "태어나고 맺고 꿈꾸고 낳고 기억하고 돌보고……"의 시간이 지났다는 것이 찬바람처럼 감각되기 때문이에요. "사투리를 끝도 없이 불려가는" 삶의 양식 속에서 저는 2025년의 행인이 되어 걷습니다. 그때 저는 동시대의 행인이 되는 슬픔과 기쁨을 모두 나란히 가지고 있습니다. 언젠가는 이 거리를 걷지 못할 것이라는 슬픔과 함께, 제가 걷지 못해도 이 거리는 여전히 남아 새로운 행인을 맞이할 것이라는 기쁨을 떠올리면서요. 머리에 이고 있었던 복잡한 생각은 제가 당면해야 할 아름다움처럼 느껴지면서요.

〈행인들〉의 화자는 "행인을 멈추며 행인이 되어보고자" "누군가를 서성여"봅니다. "노래가 되어 춤을 춰"보면서요. 행인들을 따라가는 행인, 그 서성거림이 저에게는 왠지 실제의 거리에서만 벌어지는 일이 아니라고 느껴지기도 해요. 우리는 거리에서뿐 아니라 걸어가는 모든 장소 속에서 새로운 서성거림을 하는 것이 아닐까요. 저희를 지나친 어떤 사람의 등이 하나의 입구처럼 보이고, 그 등을 따라가는 것으로 우리의 삶이 달라지는 것처럼요. 그라운드 위 야구 선수의 등을 따라가는 야구 선수 지망생, 무대 위 악기 연주자의 등을 따라가는 연주자 지망생처럼요. 그때 과거가 된 사람들의 뒤를 따라가는 거리에서 저희는 생생한 빛이 되어 걷고 있습니다.

박태원이 쓰고, 이상이 그린 《소설가 구보 씨의 일일》이라는 소설에서는 변변한 직업을 갖지 못한 26세의 구보 씨가 등장합니다. 구보 씨는 종로 네거리, 백화점, 남대문, 광화문 등을 걸으면서 시시각각으로 변화하는 현대성을 경험하고자 해요. 정처 없이 떠돌면서 본 풍경들을 묘사하는 것은 동시대성을 감각하는 하나의 방식입니다. 박태원과 이상에게 정처 없이 돌아다니며 떠도는 산책은 모더니스트가 되는 일이었을 거예요. 일제강점기라는 혼란스러운 시기가 지난 지금의 서울도 시시각각으로 변하고 있습니다. 저도 그 변해가는 강물 속을 걸으면서 생생한 얼굴을 내밀어 봅니다. 문득 행인들에게 인사하고 싶어져요. "잘 지내나요, 행인들", "어떻게 가나요".

일상에서,
   또는 사라진 공간에서

저와 우근 시인이 '사라진 공간'과 '일상의 공간'에
대해 이야기합니다. 사라진다는 것은 무엇일까요?
눈앞에 있던 것, 만져지던 것의 형체가
사라진다는 것이 정말 사라짐의 의미일까요?
반대로 유지된다는 것은 무엇일까요?

어쩌면 사라진 공간에서도 내내 사라지지 않고
계속되고 있는 끈질긴 시선을, 일상의 공간에서도
잠깐 머물렀다 영영 잊히는 것들,
잊히는 감각들이 있을지 모른다는 생각도 듭니다.
강우근 시인이 '사라진 공간'이 등장하는 시를,
제가 '일상의 공간'이 등장하는 시를
읽어보기로 했습니다.

연덕

언덕

지루하고 조용한 일상에서
아주 자세해지기

 평범한 문장을 낯설고 새삼스럽게 받아들이는 사람, 풍경의 작은 흐트러짐을 예민하게 감지하는 사람은 늘 같은 풍경 속에서 일상을 보내는 사람일 확률이 높아요. 올해 손님 없는 양식 레스토랑에서 몇 개월 일했던 저는, 레스토랑 로비에 작게 깨어진 돌바닥과 커다란 화분에서 떨어진 잎사귀와 꽃잎, 피아노 덮개에 떨어진 조그만 먼지를 아주 오래 들여다보는 사람이 되었거든요.

 전기를 켜거나 끌 때 레스토랑 내부를 채우는 빛과 온도가 어떻게 달라지는지, 썩은 꽃잎들로 가득한 레스토랑 마당을 빗자루로 쓸 때 그곳이 어떤 잠깐의 어둠을 일으키며 밝아지는지 그런 작은 기척들에 신경을 쓰는 사람이 되어갔어요. 부동의 사물들, 부동의 기분들, 부동의 하루들로 가득한 공간에서, 이 공간을 견디게 해주는 미세한 변화들에 집중하면서 오늘도 저는 살아갑니다.

좋은 하루 되세요

조해주

출근하다가 길거리에서 티슈를 받았다

새로 생긴 치과에 오라는 뜻이었지만
회사에 도착할 때까지도
티슈 말고 다른 걸 생각해 보지는 않았다

사무실은 건조해
한 입 베어 문 쿠키 아래 티슈가 있고
티슈에서 나는 약품 냄새 때문에 머리가 아픈 것 같고

하나를 꺼내려다가
줄줄이 빠져나오는 것을 꾹 누르며

나는 나와 그다지 상관없는 일들에 골몰했다

가끔 누가 부를 때만 파티션 위로 고개를 내밀었다

이마를 살짝 덮은 머리카락이 서서히 흐트러지는 동안

하얀 셔츠를 하얗게 만드는 마음으로

나는 반듯한 자세로 앉아 부지런히 손을 움직였다

컵의 바닥을 빨대로 빨아들이고
손으로 쥐고 흔들어 보아도
흔들리는 것이 없었다

잠시 쉬려고

티슈를 꺼내 그 위에 적힌 글씨를 읽었다

― 《가벼운 선물》, 민음사, 2022

· Question ·

Q1. 당신이 매일 지나치는, 매일 머무는 일상의 공간은 어디인가요? 그 공간에서 보았던 것들, 느꼈던 감각을 구체적으로 상상해보아요.

Q2. 이 시의 화자는 출근길, 매일 지나다니는 길거리에서 '티슈'를 받고, 티슈에 대해 종일 골몰하는 시간을 보냅니다. 당신의 일상에서 일어났던 이런 시시하고 소소한 이벤트에 대해 생각해보세요.

Q3. 당신이 일상의 공간에서 했던 딴생각들은 주로 어디서부터 오나요?

Q4. 별일이 일어나지 않는 일상 속에서 당신에게 휴식을 주는 것은 무엇인가요?

Q5. 당신이 생각하는 '좋은 하루'란 어떤 하루인가요?

· Note ·

조해주 시인의 〈좋은 하루 되세요〉에는 별다른 일이 일어나지 않는 매일의 길거리와 사무실, 즉 일상의 공간이 등장해요. 무언가 재미난 일, 예상 밖의 일이 일어날 기미조차 보이지 않는 일상의 단면이 아주 가까운 렌즈로 보여지고 있고요. 그 공간들은 너무나 평범하고 지지부진해서 "손으로 쥐고 흔들어 보아도/ 흔들리는 것이 없"고, "누가 부를 때만 파티션 위로 고개를 내"미는 일 외에 다른 일은 찾아들지 않아요.

이런 일상에 작은 구멍을 내주는 사물이 바로, 새로 생긴 치과에서 나눠주던 티슈입니다. 역시 일상적으로 사용되는 지극히 평범한 사물인데요. 마치 잔잔한 수면에 돌이 하나 떨어지면 파문이 일듯이, 이 티슈는 사무실 안의 '나'의 머릿속에 어떤 파문을 만듭니다. 수면이 고요하지 않았다면, 수면 주위에 온갖 새롭고 재미난 일들이 많이 벌어졌다면 티슈의 존재에 그렇게까지 신경 쓰지 못했을 거예요. 다만 이 사무실에서는 티슈가 사무실의 규칙적인 물결을, 패턴을 깨트리는 돌과 같은 역할을 해내고, '나'는 티슈 생각에만 골몰합니다. 티슈를 받는 순간("회사에 도착할 때까지도/ 티슈 말고 다른 걸 생각해 보지는 않았다")부터요. 물론 "티슈에서 나는 약품 냄새 때문에 머리가 아픈 것 같"은 기분을 느끼지만, 티슈 덕분에 "나와 그다지 상관없는 일들에 골몰"하게 되지요.

 독특하게도, 이런 사물 하나가 등장했을 뿐인데, '나'는 자신의 일을 수행함에 있어 "하얀 셔츠를 하얗게 만드는 마음"이 됩니다. 여전히 사무실에는 부동의 사물들로 가득하지만, '나'는 이 일상의 공간을 다시금 견뎌내게 되어요. 그것은 티슈에 적혀 있던 문장 때문이기도 할 텐데요. '좋은 하루 되세요'라는 문장은 일상적으로 자주 사용되나, 티슈라는 돌과 같은 사물에 인쇄되어 있다는 이유만으로 그 문장을 계속해 곱씹게 되지요. 좋은 하루란 무엇일까, 하면서요. 그 골몰의 내용이 "나와 그다지 상관없는 일들"일 것이라는 점은 마음이 아프지만, 이 문장과 질문이야말로 '나'의 다음 장면을 견디게 해주는 힘이 될 것입니다.

지리멸렬해서 떠나고 싶은, 그러나 매일 걷거나 앉을 수밖에 없는 당신 일상의 공간이 있나요? 아무 일도 일어나지 않을 것 같은 무소음의 공간, 백색의 공간, 때로는 갇힌 듯한 공간이요. 아마 그 공간들에서도 곳곳 공간의 일상성을 견디게 해주는 사물들이 있을 거예요. 당신에게 그런 사물들은 무엇인가요? 당신의 사무실 테이블에, 동료의 테이블에 놓여 있는 것은 무엇인가요? 작은 장난감과 화분, 디자인이 약간 다른 연필과 스테이플러와 클립들. 모두 이 시의 티슈와 같은 존재들일 거예요.

기억하는 기쁨,
기억되는 슬픔

 아침에 건물 하나가 지어지는 것을 보았습니다. 공사하는 사람들이 뼈대가 세워진 건물 안으로 들어가고 있었어요. 계단이 놓인 것을, 콘크리트 벽이 드러나 있는 것을 보았어요. 하나의 건물을 짓기 위해 오래 그곳에 머물러야 하는 사람이 있고, 그보다 더 오래 건물과 함께 살게 될 사람도 있겠죠.

 이제 막 눈 뜨기 시작하는 건물은 그 공간이 이전 건물이 사라진 자리라는 것을 알까요. 알지 못했으면 해요. 기억을 가진다는 건 기쁘기도 하고 슬프기도 하니까요. 우리와 지내는 건물은 우리를 어떻게 기억할까요. 어떻게 기억하게 될까요. 저는 건물이 무너지는 일대기를 그린 김복희 시인의 〈느린 자살〉이 건물을 복원하는 과정이라고 믿어요. 무너진 기억을 계속 글로 일으켜 세워 우리에게 보여주는 사람에 대해서 떠올려요.

느린 자살

김복희

아름다운 건축물이 조금씩 무너지는 것을 보았다

그 건물은 더 이상 우편물을 받지 않는다

이루 말할 수 없이 아름다운 벽돌이라고, 유리라고, 나무 창틀이라고

생각했다 그것들을 만든 장인들, 그 모든 것을 설계한 자, 대금을 지불한 자, 그들은 건물의 일부가 되었다 그들이 여전히 살아 있다는 것이 믿기지 않았다

건물이 살아 있지 않다는 사실을 믿을 수 없었다

노란 원복 입은 아이들이 건물을 뒤로하고 단체 사진을 찍었다

건물이 천천히 희미해졌다 두 눈을 비비며

건물이 꾸는 꿈속에

살아 있었다 건물이 종종 상상하는 가장 아끼는 인물이었다

자주 등장하지는 않아서 건물의 애를 태우기도 했을 것이다

건물의 앞마당에서 아름다운 책이 불타게 두었다

한 글자 한 글자 낱낱이 암송하거나 하지 않으면서

그 모두를 치울 사람에게 미안했다

실로

한낮 건물 앞에서 사람들이 죽었을 것이다 건물의 정수리에서 건물의 손바닥으로 뛰어내린 자들도 있었을 것이다 건물도 악몽을 꾸는 날이 있었을 것이다

유리창이 새로 끼워지고 나무 바닥에 왁스가 칠해지고 닦이고 현수막이 다 내려지고 무거운 커튼에서 먼지가 털렸다 양옆으로 새로운 건물이 지어지거나 죽은 나무 대신 낯선 나무가 심기기도 했다

왼쪽에서 들어오는 햇빛이 오른쪽을 어둡게 하는 일을 견딜 수 없었을 것이다

오른쪽과 왼쪽 동시에 내리쬐는 빛을 보려고

느리게 죽어 갔을 것이다

갈라지고 건조하기에 피는 물을 뿌려 지워야 했을 것이다

주기적으로 시에서 고용한 인부들이 무릎을 꿇고 문질러도

지워지지 않는 꿈이 뒤따랐을 것이다

건물이 죽어 간다는 것을 아무도 몰랐기에 건물은 살아 있었다

이제 내가 안다

- 《내가 사랑하는 나의 새 인간》, 민음사, 2018

· *Question* ·

Q1. 이 시에서처럼 좋아하던 건축물이 갑자기 사라진 경험이 있으신가요?

Q2. 위 질문에서 답한 그 건물을 어떻게 기억하고 계신가요?

Q3. 건물에 대한 나의 기억을 적어보았다면, 김복희 시인의 〈느린 자살〉처럼 건물의 입장에서 나를 기억하는 이야기를 써봅시다.

Q4. 내가 건물이 된다면 어떤 건물이 되고 싶으신가요? 그 안에는 누가 살고 있을까요? 아는 사람이 살고 있을까요? 처음 보는 사람이 살고 있을까요?

Q5. 지금 좋아하고 있거나, 좋아했던 건물에 별명을 지어 봅시다.

· Note ·

    대학 진학을 위해 본가를 떠나고 나서는 이사를 자주 했어요. 이번이 마지막 이사라고 생각하지는 않았지만, 당분간은 마지막일 거라 생각한 적은 많았어요. 그런데 '당분간'은 언제나 너무 빨리 다가오네요. 대학교 기숙사를 포함해서 이사를 간 집을 세어보니 여섯 군데예요.

    때로는 살고 있는 공간을 집이라고 부르는 게 이상하다고 생각했어요. 집의 형태는 아주 다양할뿐더러, 저는 그 공간을 빌린 것이지 온전히 소유하지 않았기 때문이에요. 그럼에도 저는 약속 시간 전에 "집에서 나왔어"라고 하고, 너무 늦어질 것 같으면 "집으로 이만 가봐야 해"라고 말하곤 합니다.

    이제는 다른 사람이 거주하게 될 이전 집을 문득 떠올릴 때도 있어요. 저는 이사를 생각하면 사람들과 함께 집들이를 하는 순간보다도 떠나게 될 집에 대해 조용히 의식을 치르는 혼자의 순간을 생각하게 되어요. 이 의식이란 아주 사소한데요, 제가 머물던 집을 안아

보듯이 구석구석 살피고 눈을 마주치고 사진 찍는 것이지요. 집의 창문에는 제가 떠나면 볼 수 없을 풍경이 보이겠죠. 저는 창문을 열고 고개를 꺾어요. 하나의 집에만 보이는 절제된 풍경은 세상의 한 구석을 잘라놓은 그림 같아요.

책과 옷으로 채워서 취향을 공유하게 된 집이 저를 기억한다면. 예전 같으면 기뻤겠지만 지금은 조금 슬픈 기분이 듭니다. 왜일까요. 기억은 돌아갈 수 없는 이미지의 배열로 이루어져서 그럴까요. 그래서 작가들은 읽으면 '다시 돌아올 수 있는' 문장의 배열을 철로처럼 만드는 걸까요. 문장을 통과하면서 우리에게 흐르는 공통 기억을 문학이라고 부르고 있는 걸까요.

김복희 시인의 〈느린 자살〉은 "아름다운 건축물이 조금씩 무너지는 것을 보았다"라는 문장으로 시작해요. 시인은 무너지는 건물의 입장이 되어서 "노란 원복 입은 아이들이 건물을 뒤로하고 단체 사진을 찍"고 "건물이 종종 상상하는 가장 아끼는 인물이" "자주 등장하지는 않아서 건물의 애를 태"웠다고 말합니다. 이는 건물이 무너지는 과정을 말하는 것이 아니라, 건물의 기억을 꿰매는 것에 가깝습니다. 그러니 기억이란 돌아갈 수 없는 이미지의 배열이 아니라, 가까스로 돌아갈 수 있는 이미지의 배열입니다. 무너지는 건물의 기억을 이어받고 체화해서 시인은 〈느린 자살〉을 썼어요.

 죽기 직전에는 지금 보았던 장면들을 슬로모션으로 체험하게 된다는 말을 들은 적 있어요. 그렇다면 살아 있는 사람의 1분과 죽음을 맞이하는 사람의 1분은 다른 걸까요. 급하게 횡단보도를 건너는 사람들 틈에서 죽음을 맞이한 사람은, 그 짧은 1분 동안 100년에 가까운 과거의 기억을 재생하게 될까요. 그때 〈느린 자살〉에 나온 건물처럼 "주기적으로 시에서 고용한 인부들이 무릎을 꿇고 문질러도/ 지워지지 않는 꿈"이 재생되고 있을까요. 몸에 남겨진 흔적들로 저는 어떤 기억을 쓰다듬게 될까요. 까진 무릎을 보며 햇볕이 내리쬐던 날 운동장 한가운데에서 저를 일으켰던 친구들의 얼굴을, 이빨에 물려 상처 난 손을 보며 친해지려고 노력했던 제가 좋아하는 고양이의 갈색 털을 떠올리게 될까요. 지우려고 해도 지워지지 않는 몸의 흔적이 있다는 건 이상한 기쁨이에요. 제가 떠나온 풍경은 저라는 건물의 몇 층에 아직 거주하고 있을까요. 제가 수초와 수초를 옮겨 다니는 물고기처럼 이전 집과 그다음 집을 향해서 헤엄치는 상상도 해봅니다.

저는 2025년 1월에 이사를 했고, 602호인 이 집의 첫 입주민입니다. 불을 켜고 이삿짐센터 직원분과 짐을 하나씩 채워 넣었을 때 602호는 어떤 표정을 지었을까요. 누군가 극장 안에서 영화를 튼 기분일까요. 스스로 영화의 스크린이자 관객인 집에게, 저는 그를 스쳐 지나간 처음의 인물일까요. 오늘은 긴 산책을 하고 돌아왔는데 제가 사는 건물에 소방차와 경찰차가 와 있었습니다. 2층에서 누군가 인덕션을 끄지 않고 외출해서 작은 화재가 난 것 같았어요. 건물에 살던 주민들은 일제히 1층으로 내려와서 위를 올려다보았습니다. 그 덕분에 소리로만 듣던 601호의 우렁차고 용감한 강아지를 볼 수 있었습니다. 몇 호에 사는지 확인

하는 소방대원들과 초조해 보이는 주민들. 건물은 그런 저희를 내려다보고 있었습니다. 방과 방이 서로 대화를 나누는 것처럼, 입주한 지 얼마 안 된 주민과 주민이 얘기를 나누는 것을요. 건물은 이 일을 오래도록 기억하게 될 것입니다.

세계에
없는 공간에서

이 세상에 없는 공간,

　눈으로 볼 수도 만져볼 수도,

　누군가에게 쥐여줄 수도 없는 실체 없는 공간,

　그러나 시 안에서, 머릿속에서

　여전히 존재하며 읽는 이가 찾아와주기를

　기다리고 있는 공간에 대해

　저와 우근 시인이 이야기합니다.

실체는 없지만 분명히 도사리고 있고

존재하고 있는 공간.

어쩌면 너무도 '있는' 공간을요.

연덕

연덕

절망 속에서 조금씩 움직이는
마음이 나아가는 곳

아무런 의지도 목적지도 없이, 그저 몸을 일으켜 어딘가로 걸어가야만 하는 날들이 있습니다. 그럴 때 내 마음과 몸은 완전히 분리되어 따로따로 쓸쓸한 걸음을 걷게 되지요. 걷다가 예상 외의 풍경, 생동하는 순간들을 보아도 그것이 내 마음에 파장이 되지 못하고, 그냥 어딘가 앉아서 쉬고 싶은 마음은 그럼에도 걸어 나갈 수밖에 없는 나의 다리와 힘없이 충돌하지요.

몸과 마음은 어느 순간부터 서로 연결되지 못했습니다. 더 이상 어떤 감정도 의지도 새것도 느껴지지 않는 깊숙한 절망, 아마 모두가 조금은 알고 있는 마음일 거예요. 그 마음을 그대로 갖고 가려는 마음, 그리고, 그래도 조금은 달라졌으면 해서 옅고 슬픈 기대

감을 갖고 발걸음을 떼려는 마음. 그 모든 마음들 사이에 우리의 세계가 있습니다. 남루하고 어려운 세계라 하더라도요. 누구도 훼손할 수 없는 우리의 세계가 있어요.

ꕥ ꕥ ꕥ

안녕

차도하

세계를 주머니에 넣고 조금 걸었다. 시내까지 연결된 작은 다리를 건넜다. 작은 다리 밑의 작은 댐을 보았다. 몇 마리 철새들을 보았다. 주머니 속 세계를 굴리며 보았다. 시내에 도착해선 주인 맘대로 문을 여닫는 옷가게에 들어갔다. 모자 몇 개를 손으로 만져봤고 얼마든지 써봐도 좋다는 말을 들었다. 어떤 모자는 이미 해져 있어서 새것 같지 않았다. 나는 주인이 보지 않을 때 슬쩍 내가 쓰고 있는 모자를 벗어 가판대에 숨겨두었다. 옷가게를 나와선 왔던 길을 되돌아갔다. 그러나 작은 다리 밑의 작은 댐도 몇 마리 철새들도 보지 않았다. 주머니 속 세계도 굴리지 않았다. 집에 도착한 나는 시원한 물을 한 컵 마셨다. 더는 목이 마르지 않았지만 한 컵의 물을 더 따랐다. 나는 주머니 속에서 세계를 꺼냈다. 나는 탁구 선수들이 서브

전 손바닥에 탁구공을 올려두고 유심히 바라볼 때처럼 세계를 바라보았다. 그러다 나는 세계를 한입에 넣었고, 물과 함께 세계를 삼켰고, 그것이 완전히 목 뒤로 넘어간 후에도 물을 몇 모금 더 들이켰다.

- 《미래의 손》, 봄날의책, 2024

· *Question* ·

Q1. 세계를 주머니에 넣고 화자가 가본 곳들은 어디인가요? 화자의 루트를 정리해볼까요.

Q2. 그곳들에서 화자가 본 것들은 무엇인가요. 또, 화자가 본 것과 화자의 행위에서 느껴지는 감정은 무엇인가요?

Q3. 화자는 왜 주머니 속 세계를 굴리면서 별다른 행동을 하지 않았을까요? 전능자가 된 듯한 행동이나, 소원 이뤄보기 같은 것을요.

Q4. 마음이 텅 비어버렸을 때, 원하는 것이 떠오르지 않을 때, 아주 쓸쓸하고 슬플 때의 마음을 떠올리며 이 시를 다시 읽어봅시다.

Q5. 이 시에서는 세계가 주머니 속에 들어갈 만큼 작고, 손바닥에 탁구공 올려두듯 바라볼 수 있는 것으로 그려지는데요. 당신이 생각하는 세계의 모형이 있다면, 그 모습은 어떠할지 상상해봅시다.

· Note ·

 마음이 정처 없이 이곳저곳 떠돌아, 혹은 이미 어떤 날카로운 시간을 많이 지나온 마음이라 아무것도 할 수 없을 것 같은 날이 있습니다. 어딘가를 걸어도, 그곳에서 생동하고 있는 자연물이나 다른 사람들을 마주해도, 특이한 가게에 들어가 물건들을 구경해도, 그저 그 장면들이 나를 통과해 사라져버리는 것만 같은, 아무것도 감각할 수 없는 깊은 슬픔의 날 말이에요. 그리고 모든 것을 놓아버리고 포기하고 싶을 때 보이는, 잔잔하게 흘러가는 풍경이 있습니다. 나는 그것에 더 이상 분노하지도 슬퍼하지도 기뻐하지도 않아요. 그저 식탁 앞에 앉아 물 한 컵과 함께 세계를 꿀꺽 삼켜버리는 일만을 기다리고 있는 사람처럼. 차도하 시인의 〈안녕〉을 읽고 그런 화자의 마음을 조금 짐작해볼 수 있었습니다.

 세계를 주머니에 넣고 걸어보는 상상. 물리적으로는 불가능한 상황입니다. 다만 세계라고 하는 것이 무엇일까, 조금 생각해보면 그렇게 말도 안 되는 상황은 아니라는 것을 알 수 있는데요. 내가 선택해 걸어갈 수 있는 곳, 내가 선택해 보거나 만날 수 있는 것들, 내가 선택한 공간과 시간과 나의 삶, 의지, 사랑, 슬픔, 분노 모두 세계이지요. 살아 있는 한 내가 선택해 느끼고 조정할 수 있는 그 모든 것들이요. 화자는 살아 있기에, 아직 살아 작은 다리도, 작은 댐도 옷가게도 갈 수 있기에 주머니에 그만의 '작은 세계'를 넣고 걸어갑니다. 그러나 그곳에서 화자는 아무것도 느낄 수 없어요. 시에 앞선 상황이 적혀 있지는 않지만, 모종의 사건들로 화자의 마음이 더 이상 움직일 수 없게 된 것처럼 보이기도 합니다.

특히 화자가 옷가게에 가서 하는 행동들이 무척 인상적인데, 돈을 지불하고 무언가 살 수 있는 공간에 되레 자신의 모자를 두고 오는, 현실의 거래 관계와는 전혀 상관없는 행동을 하고 나오는 것이죠. 화자는 대체 왜 이런 행동을 하고 있는 것일까요. 그건 "이미 해져 있어서 새것 같지 않"은 어떤 모자를, 즉 그러한 자신의 마음을 그 가게에서 마주했기 때문일 것입니다.

그렇기 때문에 화자의 이런 엉뚱한 행동들이 시 안에서 산뜻함이나 다른 정황으로의 가능성을 보여준다기보다, 체념의 의미로 읽히는 것이지요. 옷가게를 나온 화자는 아까 보았던 댐과 철새들을 보지 않고 지나칩니다. 그러곤 더 이상 주머니 속 세계를 굴리지 않고, 그러니까 삶과 자신의 접촉면을 계속해 유지하는 것을 포기하곤 집에 돌아와요.

세계를 물과 함께 삼키기 전 화자는 그것을 "탁구 선수들이 서브 전 손바닥에 탁구공을 올려두고 유심히 바라볼 때처럼" 바라보는데, 이것은 꼭 물리적인 형태의 죽음이 아니더라도 어떤 상태, 어떤 마음의 죽음으로도 읽혀요. 장면의 정교함과 놀라움, 아름다움과 별개로 무척 어둡고 슬픈 기분이 들게 하는 시의 마무리죠.

여러분에게도 마음을 다 내려놓고 포기하고 싶은 날, 어떤 마음이 죽어버린 것 같은 날, 마음이 '없는 공간'으로 사라져버린 것만 같은 날이 있나요? 신기하게도, 저에게는 이 슬픈 시가 제가 잃어버렸던 그 마음,

보고 싶지 않고 걸어 잠갔던 마음, 물과 함께 삼켜버렸던 마음을 다시금 기억하고 회복하게끔 도와주었답니다. 너무도 무겁고 어둡고 쓸쓸하고 무서운, 삶과 마음에 대한 정직한 응시가 제 마음을 정화시켜주었거든요. 어려운 시기를 보내고 계신 모든 분들께 차도하 시인의 〈안녕〉이 잔잔하고 선명한 빛이 되어주었으면 하고 바랍니다.

당신의 옆구리에는
어떤 이야기가 껴 있습니까

 빈 공간에서 상상을 하면 그 공간이 채워지는 것이 즐거웠어요. 저는 가끔 세탁기를 돌릴 때 불을 다 끄고 침대에 가만히 누워서 눈을 감고 있는답니다. 그러면 심해 속에 들어온 듯한 기분이 들어요. 명상하듯이 세탁기에서 들리는 소리가 심해에서 생겨나는 물소리라고 생각하면 편안해져요. 여러분은 눈을 감을 때마다 어디에 도착해 있나요.

 글쓰기는 빈 공간으로 먼저 들어가는 일이에요. 처음에는 그 공간이 바닷물에 발을 적시듯이 차갑게 느껴져요. 그러다가 점점 익숙해지고, 그 공간을 말하기 위해서는 오래 머무는 수밖에 없어요. 예전에 수업에서 김언 시인님이 시는 '헛것의 깊이'를 만드는 일이라고 하신 말이 떠오릅니다. 헛것이 깊이를 가지게 되면, 어느 공간보다 생생해져요. 헛것의 아름다움을 알게 되면 그것이 헛것이라고 말하기 어려워져요. 헛것의 이미지에 자주 방문하고 싶어져요. 헛것은 현실이, 현실은 헛것이 되어요. 문보영 시인의 〈옆구리 극장〉에 같이 앉아봐요.

◇ ◇ ◇

옆구리 극장

문보영

내가 이 이야기에서 주목한 부분은 호텔의 구조다. 객실은 마주보고 있고 복도 끝에 공용 화장실이 있다. 이 호텔에서 제일 중요한 곳은 극장이다.

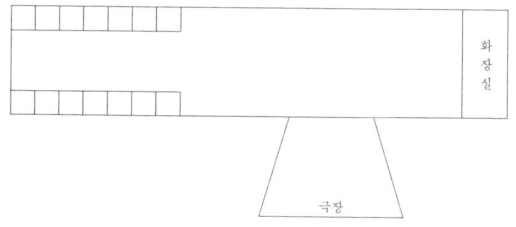

객실에서 나와 복도를 쭉 걸으면 화장실이 나오는데 그 사이에 극장이 있다. 벽의 일부가 허물어졌으며, 내려다보면 스크린이 보인다. 누군가 벽을 헐어 극장을 발굴한 것처럼. 좌석은 돌계단이고 쭉 내려가면 첫 번째 열에 앉아 영화를 시청할 수 있다.

객실과 화장실 사이에 텅 빈 복도가 있으며 화장실로 가는 길에 누구든 극장으로 이탈할 수 있다.

극장은 공포영화만 상영한다. 나는 영화가 너무 무서워서 언제나 끝까지 보지 못하고 나왔다 들어가기를 반복한다. - 사람들은 공포영화를 보러 내려갔다가 올라온다. 나는 '너무 무서워'라고 중얼거리며 극장에서 빠져나오는데 나오자마자 영화가 정말 재미있었다고 느끼며 복도를 두어 번 거닐다가 다시 내려가 영화를 본다. 이 일을 복도를 살아내면서 반복한다.

어느 날 나는 영화를 보다가 복도 끝에 있는 화장실에 갔는데, 살짝 열린 칸의 한쪽 벽에 피가 잔뜩 묻어 있는 것을 발견했다. 나는 문득 현실이 너무 무서워 극장으로 내려가 공포영화를 시청했다. 진짜 공포에서 가짜 공포로 도망가기. 가짜 공포에서 진짜 공포로 도망가기. 탈출하기 위해 극장으로 내려가면 극장은 삶과 똑같은 공포영화를 상영하고 있다. 하지만

이 호텔에서 복도를 오가는 방향은 삶의 방향이며 극장으로 내려가는 방향은 도망의 방향이라고 해석하는 것은 나의 섣부른 판단이다.

나는 객실로 들어가지 않고 혼자 영화를 본다. 영화가 너무 무서워 극장에서 나오니 복도에 친구가 서 있다. 나는 친구에게 펜과 종이를 달라고 한다. 하지만 나는 호텔에 펜과 일기장이 없다는 사실을 알고 있다. 그런데도 나는 계속 찾는 척한다. 나는 일기장에 쓸 말이 있다. 삶의 옆구리에는 극장이 붙어 있어서 원하면 언제든지 극장을 드나들 수 있는데, 극장은 언제나 공포영화만을 상영하고 나는 이 사실이 무척 마음에 든다고. 나는 공포 이야기 안에서 더 내려가 공포영화를 본다. 이 모든 게 마치 공포 주머니 속 공포 주머니 속 공포 주머니처럼 포근한 것이다. 친구는 화장실과 정반대 방향으로 뛴다. 복도 끝에 처음 보는 창문이 나 있다. 창문 밖으로 위태로운 철제 계단이 있는데, 친구는 거기서 내게 손을 흔들었다. 나는 호텔에서 나갈 수 있다는 사실에 공포를 느끼며 반대편으로 달린다.

-《모래비가 내리는 모래 서점》, 문학동네, 2023

· *Question* ·

Q1. 왜 시인은 옆구리 극장에서 공포영화만이 상영된다고 했을까요?

Q2. 내가 만든 옆구리 극장이 있다면 그 극장에는 어떤 장르의 영화가 상영되면 좋을까요?

Q3. 옆구리 극장처럼 삶의 피난처로 생각하는 나의 장소는 어디일까요?

Q4. 3번에서 답한 그곳(○○)에는 주로 언제 가게 되고, 무엇을 하나요? 그곳은 나의 옆구리 ○○가 될 수 있을까요?

Q5. 문보영 시인의 '옆구리 극장'처럼, 나만의 '옆구리 ○○'로 패러디 시를 써봅시다.

[예] 내가 이 이야기에서 주목한 부분은 호텔의 구조다. (……) 이 호텔에서 제일 중요한 곳은 미술관이다.

· Note ·

   제가 해리 포터 시리즈를 처음 본 것은 여섯 살 때 집 앞에 있는 도서관에서였어요. 격주 토요일마다 도서관에서는 어린이를 위한 영화 상영회를 진행했고, 저는 친구들과 도서관에 드나들면서 다음에 상영할 포스터를 골똘히 바라보았습니다. 어쩌면 그 당시 도서관은 저에게 책을 읽는 공간보다는 친구들과 영화를 함께 보고 웃는 공간이었어요.

   〈해리 포터와 마법사의 돌〉을 본 후 해리 포터에게도 저처럼 이마에 번개 모양의 상처가 있다는 것을 알고 내심 기뻤습니다. 저의 상처는 세 살 터울의 누나가 저를 들어보려고 하다가 그만 제가 바닥에 머리를 찧게 되어 난 것이고, 해리 포터의 것은 볼드모트에게 당해서 생긴 것이지만요. 반이 배정되고 친구들이 이마에 난 상처를 물어볼 때면 "나는 해리 포터니까"라고 말하곤 했습니다. 그때 저에게 해리 포터라고 하는 가상의 인물은 위안을 주었습니다. 그리고 해리 포터처럼 저도 남모르는 분야에 재능이 있을지도 모른다고, 마법사일지도 모른다고 생각했습니다. 생각해보면 어려서부터 마법사라는 말을 좋아했던 것도 같아요. 빠른 손동작으로 관객이 눈치채지 못하게 묘기를 부리는 마술과는 다르게 마법은 내면에서 일어난다고 생각했거든요. 학년이 올라가면서 이마에 난 상처가 옅어지고 마법에 대한 동경도 줄어들었지만요.

성인이 되어서는 《모래비가 내리는 모래 서점》을 쓴 문보영 시인과 같이 또 다른 현실을 만드는 사람이 마법사라는 생각이 들기도 해요. "사고실험하며 지내요"라는 문구가 적힌 페이지를 넘기면서 시작하는 이 시집에는 '스스로 엄청난 열을 내서 사람들이 의지하며 껴안게 되는 나무', '못을 뽑는 것이 타고난 본성인 몰로코후라는 생물' 등이 등장하는데요.

저는 문보영 시인이 만든 이야기 중 하나인, "객실에서 나와 복도를 쭉 걸으면 화장실이 나오는데 그 사이에" 옆구리처럼 튀어나온 극장을 종종 생각합니다. 〈옆구리 극장〉에는 공포영화만을 상영하는 극장이 등장하는데요. 시 속 화자는 복도 끝에 있는 화장실로

가다가, "살짝 열린 칸의 한쪽 벽에 피가 잔뜩 묻어 있는 것"을 발견합니다. "현실이 너무 무서워 극장으로 내려가 공포영화를 시청"합니다. 그리고 이렇게 말합니다. "진짜 공포에서 가짜 공포로 도망가기. 가짜 공포에서 진짜 공포로 도망가기." 처음에 화자는 현실이 가상보다 더 무섭기 때문에 "가짜 공포로 도망"간다고 말하지만 이후에는 옆구리 극장 안에서 "가짜 공포"가 무서워져서 "진짜 공포로 도망가"고자 합니다. 어떤 것이 진짜인지 가짜인지보다 화자처럼 우리도 현실과 이야기 세계 속에 껴 있는 존재라는 것이 중요하게 느껴져요. 이야기의 세계 속에서 우리는 현실의 삶을 회복할 수 있는 위안과 용기를 얻습니다. 슬플 때 슬픈 영화를 보면 나아지는 아이러니처럼요.

과연 그것이 정말 이야기일 뿐일까? 생각이 들어요. 화자가 옆구리 극장이 있는 "호텔에서 나갈 수 있다는 사실에 공포를 느끼며 반대편으로 달"리는 것처럼 어떤 이야기는 현실에 가까워 좀처럼 벗어나기 싫어져요. 어쩌면 〈옆구리 극장〉은 호텔의 객실과 화장실 사이라는 "옆구리"를 나타낼 뿐 아니라 저희 몸의 옆구리처럼 언제든지 꺼내볼 수 있는 이야기로 읽히기도 해요. 그렇게 모두가 삶 가까이에, 옆구리에 끼고 종종 떠올리는 이야기의 장면이 하나씩 있으시겠죠?

저는 한때 인간이 죽으면 어떻게 되는지 너무 궁금했어요. 그런데 해결될 수 없는 질문이다보니 급기야는 두려워지고 무서워지더라고요. 인터넷에 검색해봐도, 네이버 지식인에 질문을 올려봐도 알 수 없으니까요. 그 알 수 없는 구덩이가 우리라는 인간들을 포함한 생물들 모두에게 있으니까요. 그러다가 고레에다 히로카즈 감독의 〈원더풀 라이프〉를 보았습니다. 영화에서는 천국으로 가기 전 머무는 중간 역 림보가 등장합니다. 림보는 세상을 떠난 사람들이 7일간 머무는 공간인데요. 그곳에서 사람들은 인생에서 가장 소중한 기억 하나를 고르고, 림보의 직원들은 그 기억을 짧은 영화로 재현해주어요. 저는 사후 세계를 궁금해하다가 문득 림보에 영상으로 재생하게 될 제 기억은 무엇일까 떠올려요. 그 기억은 이미 지나갔을까, 아니면 아직 도착하지 않았을까. 나는 림보에서 어떤 기억을 말하게 될까, 하고요.

그렇게 저는 〈단 하나의 영상에서 돌고 도는 기념일〉*이라는 시를 썼는지도 몰라요. "무수한 날 중에 하루의 기억으로 이루어진 영상이 미래의 장례식에서 상영된다면" "장래 희망에 대한 질문을 받은 미래의 아이들은 자라서 단 하나의 영상에 담기게 될 하루를 어느 날 고심하게 되는 순간이 온다"면 하고 질문하면서요. 그렇게 저는 저만의 "옆구리 극장"에 종종 앉아서 죽고 나서도 틀 영상을 고르고, 골라 봐요. 그날은 "비틀거리는 자전거의 페달을 힘차게 밟아본 날"일까요. "강아지와 같이 천변을 뛰다가 천변이 끝없이 이어지면 좋겠다고 생각한 날"일까요. 그러면 사는 게 궁금해져요. 이 글을 읽고 있는 여러분은 어떤 옆구리 극장에 앉아서, 무슨 영상을 보고 있을까요.

---

* 《너와 바꿔 부를 수 있는 것》, 창비, 2024

내부가　　　　　　　　　　　□

　　좁으니
　　　　　　　　　　　　　　×
　　　　　　　　　　　　　×

　　　　○

□
 ×

　　　　　　　　　◇
　　　　　　　　　◇
　　　　　　　　○
　　　　　　　　　　×

한 사람씩

　　들어와주세요.

Epilogue

시라는 문을 열고 난 뒤에

혼자 바깥에서 저녁을 먹고 산책하던 중 쿠키 가게를 발견했습니다. 평소 같으면 지나쳤을 그 쿠키 가게에 눈길이 갔던 것은 문 앞에 적힌 문구 때문이었습니다. 내부가 좁으니 한 사람씩만 들어와주세요. 저는 문 중앙에 뚫린 둥근 창문을 통해 내부를 들여다보았습니다. 손님도 점원도 없었습니다. 오직 한 사람만이 들어가서 쿠키를 고를 수 있다는 사실이 주는 위안 같은 것이 있었습니다. 문을 열고 들어가 고심 끝에 마카다미아 쿠키와 얼그레이 크림 쿠키를 골랐어요. 카운터 앞에는 직원을 부르는 작은 종이 있었습니다. 작게 흔들었지만 종소리가 크게 느껴졌고 곧 직원분이 나와서 쿠키를 포장해주었습니다.

집으로 돌아와서 쿠키를 먹으려고 보니 설명서가

있었습니다. 바로 먹지 않는다면 30일 동안 냉동 보관이 가능하고, 크림이 있는 쿠키는 가급적 빨리 먹으면 좋다는 내용이었습니다. 쿠키를 먹는 것이 작은 일이라고 생각했는데, 쿠키라는 세계에 진심인 가게 주인 덕분에 어떻게 쿠키를 먹어야 좋을지 고민에 빠졌습니다. 마카다미아 쿠키를 냉동실에 넣고 얼그레이 크림 쿠키를 파란 접시에 올려둔 뒤 커피를 준비했습니다. 하나의 쿠키를 먹으면서 어떻게 시간을 보내면 좋을까 생각했어요. 책을 펼쳐서 읽고 음악을 듣는 동안 쿠키가 조금씩 사라지고 있었습니다.

쿠키 가게처럼 시 역시 내부에 한 명만 들어갈 수 있는 비좁은 공간처럼 보입니다. 저와 연덕 시인은 하나의 쿠키를 먹은 경험을 얘기하듯, 시를 마주했을 때 생겨난 이야기를 나누었어요. 언제 처음 시를 만났고, 어디서 주로 시를 읽는지 등에 대해서요. 그렇게 시 안으로 들어가 친척의 별장에서 겨울을 보낸 화자와 벌집이 깨지는 광경을 보았어요. 티슈에 적힌 좋은 하루 되세요, 라는 평범해 보이는 문장을 하루 종일 생각하는 사람의 마음이 되기도 했고요. 무너지는 건물의 시선으로 세상을 바라보다가, 세계를 주머니에 넣고 걸어보기도 했어요.

  시는 좁은 문처럼 보이지만 막상 들어가면 내밀하고 깊어서 천천히 읽는 사람을 변하게 합니다. 저희는 이제 그 문을 열고 들어간 여러분의 경험이 궁금합니다. 언젠가는 그 경험을 듣거나 읽을 수 있겠죠. 그때 저희는 문 바깥으로 나와 시의 광장에 앉아 있겠죠. 시 속 다양한 표정의 화자도 광장으로 나오고, 저희는 그들과 함께 있기 위해 의자를 마련하겠죠. 그 의자에 어떤 화자가 앉아 있는지, 그 옆에 앉은 당신은 어떻게 변화했는지 정말 궁금합니다. 그러니 이 책은 시라는 문을 통과한 뒤 시의 광장에서 만나게 될 하나의 예고 같은 거겠죠. 이 책의 문을 닫는 순간, 시라는 작은 세계를 껴안고 있는 여러분의 이야기가 새롭게 시작되겠죠.

강우근 드림

인용한 책

진은영, 《일곱 개의 단어로 된 사전》, 문학과지성사, 2003
김행숙, 《이별의 능력》, 문학과지성사, 2007
이근화, 《차가운 잠》, 문학과지성사, 2012
조온윤, 《자꾸만 꿈만 꾸자》, 문학동네, 2025
강성은, 《단지 조금 이상한》, 문학과지성사, 2013
설하한, 《사랑하는 일이 인간의 일이라면》, 봄날의책, 2024
황인찬, 《희지의 세계》, 민음사, 2015
김리윤, 《투명도 혼합 공간》, 문학과지성사, 2022
마윤지, 《개구리극장》, 민음사, 2024
안태운, 《산책하는 사람에게》, 문학과지성사, 2020
조해주, 《가벼운 선물》, 민음사, 2022
김복희, 《내가 사랑하는 나의 새 인간》, 민음사, 2018
차도하, 《미래의 손》, 봄날의책, 2024
문보영, 《모래비가 내리는 모래 서점》, 문학동네, 2023
강우근, 《너와 바꿔 부를 수 있는 것》, 창비, 2024

시가 좋아진 당신에게

우리 모두 처음엔 시를 몰랐습니다

초판 발행 ㄹ 2025년 7월 24일

지은이 ㄹ 김연덕, 강우근
발행인 ㄹ 이종원
발행처 ㄹ ㈜도서출판 길벗
브랜드 ㄹ 리드앤두 READ ↙ DO
출판사 등록일 ㄹ 1990년 12월 24일
주소 ㄹ 서울시 마포구 월드컵로 10길 56(서교동)
대표전화 ㄹ 02)332-0931 | 팩스 ㄹ 02)323-0586
홈페이지 ㄹ www.readndo.co.kr | 이메일 ㄹ hello@readndo.co.kr

리드앤두 ㄹ 김민기, 이정, 연정모
디자인 ㄹ 최주연 | 제작 ㄹ 이준호, 손일순, 이진혁
유통혁신 ㄹ 한준희 | 영업관리 ㄹ 김명자, 심선숙 | 독자지원 ㄹ 윤정아

교정교열 ㄹ 이정주 | 인쇄 및 제본 ㄹ 정민

· 리드앤두는 읽고 실행하는 두어들을 위한 ㈜도서출판 길벗의 출판 브랜드입니다.
· 이 책은 저작권법의 보호를 받는 저작물로 이 책에 실린 모든 내용, 디자인, 이미지, 편집 구성은 허락 없이 복제하거나 다른 매체에 옮겨 실을 수 없습니다.
· 인공지능(AI) 기술 또는 시스템을 훈련하기 위해 이 책의 전체 내용은 물론 일부 문장도 사용하는 것을 금지합니다.
· 잘못 만든 책은 구입한 서점에서 바꿔 드립니다.

ⓒ 김연덕, 강우근, 2025

ISBN 979-11-407-1478-0 (03810)
(길벗 도서번호 700008)

정가 17,000원

독자의 1초를 아껴주는 길벗출판사

(주)도서출판 길벗 | IT교육서, IT단행본, 경제경영, 교양, 성인어학, 자녀교육, 취미실용 www.gilbut.co.kr
길벗스쿨 | 국어학습, 수학학습, 어린이교양, 주니어 어학학습, 학습단행본 www.gilbutschool.co.kr

Editor's Letter

혹시 시, 좋아하시나요?

이 책의 기획은 한 친구의 블로그 글을 보고 시작되었습니다.
시 관련 팝업스토어에 다녀온 뒤 "시는 하나도 모르겠다"고 적어놓았더군요.
시집을 사 읽고, 일부러 시간을 내어 전시까지 다녀온 사람이 그런 말을 하다니,
처음엔 조금 놀랐습니다. 그런데 곧 생각이 바뀌었습니다.
'시를 안다'고 당당히 말하는 사람을 한 번도 본 적이 없다는 걸 깨달았거든요.

이 책을 쓴 강우근, 김연덕 시인 역시 시를 잘 안다고 말하지는 않습니다.
시를 쓰는 이조차 그렇게 느끼는데, 우리가 시 앞에서 주춤거리는 건 당연한 일일지도요.
책을 만들기 위해 만났던 인터뷰에서 강우근 시인은 이렇게 말했습니다.
"시만큼 불성실하게 읽어도 되는 장르가 또 있을까요?"
시는 완벽하게 이해하지 않아도, 가끔은 제대로 읽지 않아도 괜찮은 장르라고요.

그래서 이 책은 시를 잘 읽는 법을 말하지 않습니다.
오히려 시가 우리 곁에 불쑥 다가오는 순간들에 대해 이야기하고 싶었습니다.
어떤 순간 시가 우리에게 필요한지, 시는 어떤 아름다움을 밝혀주는지,
두 시인의 진솔한 경험을 듣고 싶었어요.

그리고 어떻게 하면 사람들이 시 앞에서 주눅들지 않고,
온전하게 단어와 문장을 즐길 수 있을지 고민했습니다.
사람들이 시에 대해 가지는 오해에 대한 답변을 남겨보기도 하고요.
두 시인이 추천하는 시와 함께, 시에 좀 더 쉽게 접근할 수 있는
질문을 제시하기도 했습니다.
그 장치들이, 여러분이 시와 가까워지는 데 도움을 줄 수 있었기를 바랍니다.

얼마전, 한 선생님이 이런 말씀을 해주셨습니다.
세상에 존재하는 언어로는 표현 못하는 것이 있기 때문에 시가 필요하다고.
그 말을 듣고, 시가 있어 정말 다행이라고 느꼈습니다.
시는 말로 다 설명할 수 없는 마음을 대신 품어주고, 다독여주고,
때로는 선명하게 드러내줍니다.

이 책을 읽는 동안 여러분도 시와 조금 더 친해지는 경험을 하셨기를 바랍니다.
시를 '안다'는 건 어려운 일이겠지만, 시라는 문을 연 후
우리는 분명 이전과는 조금 다른 사람이 되었을 거예요.
조금 더 깊고, 작고, 부드러운 것들을 감지하는 사람요.